AF238353

Land & Lecker

18 Landfrauen kochen mit Herz und Leidenschaft

Aus dem besten Blickwinkel

Auf der kulinarischen Reise durch Nordrhein-Westfalen lässt sich selbst Altbekanntes auf neue Weise entdecken.

„Land und lecker" – eine WDR Sendung, die viele Zutaten hat! Denn bei uns wird nicht nur lecker gekocht, sondern wir erzählen Familiengeschichten. Uns ist es sehr wichtig, dass wir über die Menschen berichten, die hinter den Produkten stehen. Unsere Landfrauen sind Familien- und Hofmanager! Und bei Land und lecker treten sie mit ihrem Team an, um ihren Hof zu präsentieren und aus ihren Erzeugnissen und Produkten der Region ihre Gäste zu verwöhnen.

„Land und lecker" möchte aber auch dokumentieren, wie das Leben auf dem Bauernhof wirklich aussieht. Auch wenn wir eine Unterhaltungssendung sind, geht es uns um das echte Leben und auch die Probleme, die der Alltag so mit sich bringt. Die Bauern in diesem Land arbeiten jeden Tag dafür, dass wir Lebensmittel in unseren Kochtöpfen haben! Lebensmittel, ein Wort das so schnell und selbstverständlich ausgesprochen ist. Die Landwirte bestellen ihre Äcker, versorgen ihre Tiere und pflegen ihre Pflanzen – natürlich, um Geld zu verdienen und ihre Familien zu ernähren, aber auch um Mittel für unser aller Leben zu erzeugen. Eine Arbeit mit viel Verantwortung und ständigen Herausforderungen!

Jedes Jahr suchen wir mit viel Sorgfalt sechs Höfe aus: Da sind klassische Betriebe dabei, aber auch schon mal Exoten. Nach dem Motto „Alte Höfe – neue Wege" begleiten wir die junge Generation, die versucht, mit ihrem Betrieb kreative neue Ideen umzusetzen. „Land und lecker" ist immer eine Geschichte für und über Generationen. Zusammenleben und arbeiten und auch zusammen alt werden – nicht immer einfach für alle ...

Wenn die sechs Familien ausgewählt sind – möglichst in allen Regionen von Nordrhein-Westfalen verteilt –, dann schwärmen unsere Kamerateams aus. Sie sind im Sommer auf den Höfen und verbringen viel Zeit mit den Familien. Daher gelingt es uns, die Menschen so nah zu begleiten und einen Einblick in ihren Alltag zu bekommen. Neben dem Hofporträt steht natürlich unser charmanter Wettbewerb im Fokus. Denn wer bei „Land und lecker" dabei ist, gibt alles, um ein guter Gastgeber zu sein. Die Scholle wird rausgeputzt, das gute Tafelsilber poliert und nur das Beste kommt in den Kochtopf.

Wenn der Dinnertag näher rückt, dann verwandelt sich der Hof in eine Filmkulisse. Wir sind mit zehn Filmemachern unterwegs und filmen in Echtzeit den Tag davor und den Festtag. Für die Gastgeberin ist das eine große Herausforderung, aber da sie die Teams jetzt schon so gut kennt, sind die Kameras bald Nebensache geworden.

Jetzt dreht sich alles um das leckere Menü. Das haben die Landfrauen übrigens immer selbst kreiert, wir mischen uns nur ein, wenn es sechs Mal Bratkartoffeln geben soll. Jedes Jahr aufs Neue staunen wir über so viel Kreativität und Können beim Kochen. Die Menüs unserer Gastgeberinnen sind modern und trotzdem sehr bodenständig. Und wir legen viel Wert darauf, dass sie für den Zuschauer nachvollziehbar, nachkochbar und inspirierend sind!

»Genießen Sie die Filme, die Geschichten im Buch und das leckere Essen!«

In diesem Kochbuch haben wir die Rezepte der aktuellen Staffeln für Sie gesammelt und mit den Geschichten der Familien ergänzt. Wir freuen uns, wenn der „Land und lecker"-Duft durch Ihre Küchen zieht.

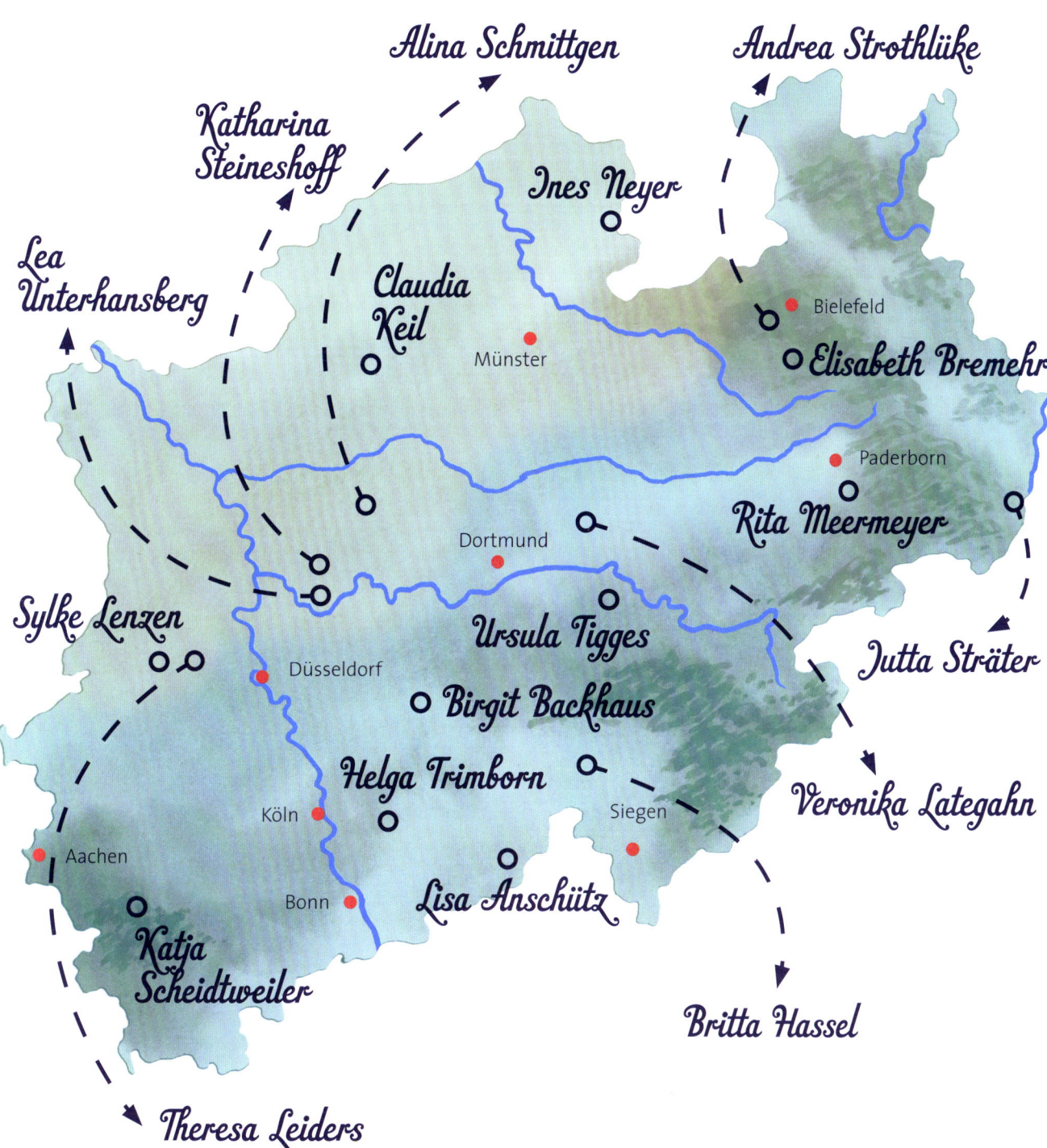

Alina Schmittgen

Andrea Strothlüke

Katharina
Steineshoff

Ines Neyer

Lea
Unterhansberg

Claudia
Keil

Münster

Bielefeld

Elisabeth Bremehr

Paderborn

Rita Meermeyer

Dortmund

Sylke Lenzen

Ursula Tigges

Düsseldorf

Jutta Sträter

Birgit Backhaus

Helga Trimborn

Veronika Lategahn

Köln

Siegen

Aachen

Bonn

Lisa Anschütz

Katja
Scheidtweiler

Britta Hassel

Theresa Leiders

Vom Westmünster- bis ins Sauerland

Los geht's für Staffel 12 der „Land und lecker"-Tour mitten im Pott. Der Weg des Oldtimerbusses führt über Ostwestfalen ins nördliche Münsterland. Zurück geht es über das östliche Ruhrgebiet ins Sauerland und weiter zum Finale an den Niederrhein.

Auf den Höfen ist viel los:
In Oberhausen flattert Gefügel,
in Atteln geht es um Arterhalt.
Feines Rindfleisch „wächst" in
Reken, in Drolshagen sind
Islandpferde glücklich.
Zurück im Ruhrgebiet in Unna
fließt die Milch und im Hof-
kreislauf in Anrath kommt
vieles zusammen.

Katharina wird auf dem Hof ihrer Familie in Mülheim nur wenige Kilometer vom Zentrum Essens schon ihr ganzes Leben lang von Federvieh begleitet. Und die gelernte Groß- und Außenhandelskauffrau für Lebensmittel kann sich ein Leben ohne die Tiere nicht vorstellen.

Katharina Steineshoff

Frischer Wind und allerhand Federvieh im Ruhrgebiet – auf dem Heißener Hof mitten im Pott wird Familienzusammenhalt schon seit vier Generationen großgeschrieben.

Benannt ist der 1902 von einer Zeche erbaute Hof nach dem Mülheimer Ortsteil Heißen. Die Bergwerksbetreiber bauten und verpachteten damals Höfe, um ihre Bergleute mit frischen Lebensmitteln versorgen zu können. 1976 schließlich konnte Katharinas Großvater den Hof kaufen. Damals ging es hier noch etwas ruhiger zu, denn die A40, die sich quer durchs Ruhrgebiet schlängelt und dabei recht nah am Hof vorbeiführt, gab es zu dieser Zeit noch nicht. Heute bewirtschaften Katharinas Eltern sowie sie und einer ihrer zwei Brüder den Hof mit viel Herzblut, wobei die beiden Geschwister als vierte und jüngste Generation gerade im Begriff sind, mit frischem Wind die Hofzügel zu übernehmen.

Auf dem Heißener Hof lebt in erster Linie Geflügel – Hühner, Gänse, Tauben und Wachteln, aber auch Bienen, Schafe, Ziegen, Kaninchen und Meerschweinchen fühlen sich hier wohl. Allein 500 Hühner samt Hähnen führen bei Familie Steineshoff ein glückliches Leben, auf einem weiteren Hof, auf den Katharina demnächst umziehen wird, tummelt sich noch einmal mehr als doppelt so viel Federvieh. „Mit ein wenig Leitung durch die Hähne klappt es eben auch mit den Hühnern besser", weiß die 31-Jährige. Wichtiges Standbein sind und bleiben für die Familie daneben die Gänse. Jedes Jahr Mitte April kommen knapp 100 von ihnen für das Weihnachtsgeschäft als Ein-Tages-Küken an.

> »Mit ein wenig Leitung durch die Hähne klappt es auch mit den Hühnern besser«

Im Sommer sind die Gänse tagsüber auf der Wiese, Auslauf und Futterwahl machen sie zu gesunden Tieren, bevor sie auf dem Hof in der eigenen Landfleischerei geschlachtet und im Hofladen samt Rezept mit Gelinggarantie, Rotkohl und Klößen direkt an den Endverbraucher verkauft werden. Denn nicht nur Vater Albert weiß aus Erfahrung: „Wenn die Gans nicht vernünftig gelingt, kaufen die Kunden nie wieder eine." Die Hofmetzgerei hat Katharinas 28-jähriger Bruder Johann als Fleischermeister eingerichtet. Das Fleisch bezieht die Familie aus der Umgebung und Johann geht – wie es vor 40 Jahren für einen Metzger noch üblich war, heute jedoch zu einem absoluten Privileg geworden ist – zum Rinderzüchter in den Stall, um sich die Tiere, die er später verarbeiten wird, auszusuchen.

Keine Frage, dass Katharina mit ihrem Bruder auch das Rind für ihr Menü selbst ausgesucht hat. Die junge Landfrau kocht und backt leidenschaftlich gerne, kommt im Alltag leider viel zu selten dazu. Ganz wichtig ist ihr die Herkunft der Lebensmittel und ebenso die die gewählten Produkte dann zu verarbeiten, wenn sie Saison haben, „weil's einfach dann am besten schmeckt". Katharinas Bruder Paul, der sie bei ihrem Menü in der Küche unterstützt, beschreibt seine Schwester als sehr ambitionierte Köchin und Bäckerin – die entstehenden Kreationen weiß er ebenso zu schätzen wie Katharinas Lebensgefährte Dominic, den sie vor gut zehn Jahren auf einer Feier der Landjugend kennengelernt hat. Zwar lebt er (noch) nicht mit auf dem Hof, wächst aber mit dem Heißener Hof und der ganzen Familie immer mehr zusammen und fühlt sich dabei sichtlich wohl, weiß Katharina. Für sie und Dominic ist das eine wunderbare Entwicklung und neben der privaten Zuneigung ist die Freude auf die zukünftige, zumindest teilweise gemeinsame Zusammenarbeit bei beiden groß.

Mit einem Vorspeisenring gelingt das
Ausstechen des Brots ganz einfach

Strammes Mäxchen

mit Hirschschinken und Wachtelspiegelei
und Salatbuquet

Zutaten für 6 Personen

Für den Salat und das Dressing:
ca. 300 g gemischte Salatblätter
(z. B. Eichblattsalat, Friséesalat,
Kopfsalat)
18 Cocktailtomaten
1 Salatgurke
8 EL milder Apfelessig
6 EL Olivenöl
6 EL Rapsöl
3 EL Leinöl
Salz · Pfeffer aus der Mühle

Für das stramme Mäxchen:
6 Scheiben Graubrot
Butter zum Bestreichen
6 Scheiben Hirschschinken
(oder anderer Rohschinken)
Öl zum Braten
12 Wachteleier
Salz

1. Für den Salat die Salatblätter waschen, trocken schleudern und in mundgerechte Stücke zupfen. Die Tomaten waschen und halbieren. Die Gurke putzen, waschen, quer in dünne Scheiben schneiden und alle Zutaten jeweils auf den Tellern als kleines Buquet anrichten.

2. Für das Dressing den Essig und die Öle verrühren und mit Salz und Pfeffer abschmecken.

3. Für das stramme Mäxchen das Graubrot toasten und aus jeder Scheibe mit einem runden Ausstecher 2 Taler ausstechen. Diese jeweils mit Butter bestreichen und mit den halbierten Schinkenscheiben belegen.

4. In einer beschichteten Pfanne etwas Öl erhitzen, die Wachteleier aufschlagen und darin etwa 2 Minuten zu Spiegeleiern braten. Leicht mit Salz würzen. Die Wachtelspiegeleier auf den Schinkenbroten platzieren.

5. Den gemischten Salat mit dem Dressing beträufeln und mit den strammen Mäxchen servieren.

Kunterbunte, gesunde Gemüsenudeln machen richtig was her!

Flanksteak auf Gemüsenudeln

mit
Rosmarin-Pfannen-Kartoffeln

Zutaten für 6 Personen

ca. 20 kleine festkochende
Kartoffeln (z. B. Drillinge)
Salz
2 mittelgroße Zucchini
2 große Möhren
je 1 gelbe und rote Paprikaschote
1 Stange Lauch
200 g Schmand
2 EL Milch
je 1 Bund Schnittlauch und
Petersilie
weißer Pfeffer aus der Mühle
etwas Rapsöl
1 Flanksteak (ca. 1,2 kg;
Bauchlappen vom Rind)
einige Zweige Rosmarin
3–4 Knoblauchzehen
gekörnte Gemüsebrühe

1. Die Kartoffeln mit der Schale gründlich waschen und in Salzwasser etwa 20 Minuten weich garen. Die Kartoffeln abgießen und kurz ausdampfen lassen. Zucchini und Möhren putzen und waschen, die Paprikaschoten längs halbieren, entkernen und waschen. Alle Gemüse mit dem Spiralschneider in lange Gemüsenudeln schneiden. Den Lauch putzen, waschen und in ähnlich schmale Streifen wie das restliche Gemüse schneiden.

2. Den Schmand mit der Milch sämig verrühren. Die Kräuter waschen und trocken schütteln. Von der Petersilie die Blättchen abzupfen und fein hacken, den Schnittlauch in Röllchen schneiden. Beides unter den Schmand mischen und mit Salz und Pfeffer würzen.

3. Den Backofen auf 80 °C vorheizen. Etwas Öl in der Pfanne erhitzen und das Steak darin auf jeder Seite etwa 1 1/2 Minuten anbraten. Das Fleisch aus der Pfanne nehmen, mit Salz und Pfeffer würzen und in Alufolie gewickelt im Ofen etwa 8 bis 10 Minuten ruhen lassen.

4. Den Rosmarin waschen, trocken tupfen und die Nadeln abzupfen. Den Knoblauch schälen. Die vorgegarten Kartoffeln in Öl anbraten, dabei 3 bis 4 Knoblauchzehen und den Rosmarin mit in die Pfanne geben. Die Kartoffeln sollten rundum leicht angebraten werden. Die Pfannenkartoffeln mit Salz würzen.

5. Das vorbereitete Gemüse in einer großen Pfanne in Öl kurz anbraten und mit einem Deckel verschließen. Nach 2 Minuten den Deckel wieder abnehmen und das Gemüse mit Salz, Pfeffer und Gemüsebrühe würzen. Noch einen kurzen Moment ziehen lassen, damit es noch Biss hat.

6. Die Steaks aus dem Ofen nehmen und quer zur Faser in schmale Streifen schneiden. Die Steaks mit dem Gemüse und mit den Pfannenkartoffeln anrichten und den Kräuterschmand dazu servieren.

Mohn-Joghurt-Mousse

auf
Himbeerspiegel

Zutaten für 6 Personen

250 g Himbeeren
70 g Zucker
3 Päckchen Vanillezucker
6 Blatt weiße Gelatine
200 g Sahne
500 g Naturjoghurt (3,5 % Fett)
100 g gemahlener Mohn

1. Die Himbeeren verlesen, waschen und trocken tupfen. Die Beeren in einem kleinen Topf aufkochen, 2 EL Zucker und den Vanillezucker dazugeben und etwas einkochen lassen. Die Himbeeren durch ein feines Sieb streichen, sodass möglichst wenig Kerne im Himbeermark bleiben.

2. Die Gelatine in wenig kaltem Wasser 10 Minuten einweichen. Die Sahne in einem hohen Rührbecher mit den Quirlen des Handrührgeräts steif schlagen und kühl stellen. Den Joghurt mit dem restlichen Zucker und dem Mohn verrühren.

3. Die Gelatine gut ausdrücken und tropfnass in einem kleinen Topf bei schwacher Hitze auflösen. 2 bis 3 EL der Joghurtmasse unterrühren, dann die Gelatinemischung unter den restlichen Joghurt rühren. Die Joghurtmischung etwa 30 Minuten kühl stellen, bis sie zu gelieren beginnt. Erst dann die Sahne mit dem Schneebesen unterheben und die Mousse zugedeckt mindestens 4 Stunden kühl stellen.

4. Das Himbeermark als Spiegel auf den Desserttellern verteilen. Aus der Mohnmousse mit zwei Esslöffeln Nocken abstechen und auf den Himbeerspiegel setzen. Nach Belieben mit Schlagsahne und Himbeeren garniert servieren.

Körnerbrot

mit
Hirse und Möhren

Zutaten für 1 Kastenform
(30 x 11 cm):

1 große Möhre
250 g Sonnenblumenkerne
150 g geschrotete Leinsamen
250 g Hirseflocken
50 g Flohsamenschalen
50 g Kürbiskerne
100 g Haselnusskerne
2–3 TL Salz
80 ml Rapsöl
2 EL flüssiger Honig
Fett für die Form

1. Die Möhre putzen, schälen und auf der Gemüsereibe raspeln. Von den Möhrenraspeln 120 g abwiegen.

2. Alle trockenen Zutaten in einer Schüssel mischen. Die Möhrenraspel, das Öl, den Honig und 600 ml Wasser hinzufügen und alles zu einem glatten Teig verrühren.

3. Die Kastenform einfetten und mit Backpapier auslegen. Den Teig in die Kastenform füllen, etwas andrücken und mit Frischhaltefolie zudeckt mindestens 8 Stunden, am besten über Nacht, kühl gestellt quellen lassen.

4. Am nächsten Tag den Backofen auf 200 °C vorheizen (Umluft 180 °C). Die Frischhaltefolie entfernen und das Brot im Ofen auf der zweiten Schiene von unten etwa 35 Minuten backen.

5. Das Brot aus dem Ofen nehmen, auf das mit Backpapier belegte Ofengitter stürzen und weitere 30 Minuten auf der zweiten Schiene von unten fertig backen.

Mein Tipp:
Dieses Brot ist ohne Getreide, Milchprodukte und Ei. Es ist nicht nur richtig gesund, es schmeckt dazu auch fein!

Champignonrahmsuppe

von
braunen Champignons

Zutaten für 4 Personen

500 g braune Champignons
2 Schalotten
1 Bund Petersilie
3 EL Rapsöl
2 EL Mehl
1 l Gemüsebrühe
300 g Sahne
(oder vegane Koch- oder
Schlagcreme)
Salz · Pfeffer aus der Mühle

1. Die Champignons putzen und, falls nötig, trocken abreiben. 4 Champignons in Scheiben schneiden, die restlichen möglichst fein hacken. Die Schalotten schälen und in feine Würfel schneiden.

2. Die Petersilie waschen, trocken schütteln, die Blätter abzupfen und fein hacken. Etwas gehackte Petersilie zum Garnieren beiseitelegen. In einer Pfanne 1 EL Öl erhitzen, die Champignonscheiben darin anbraten, herausnehmen und ebenfalls beiseitestellen.

3. Die restlichen Champignons mit den Schalottenwürfeln in einem Topf im restlichen Öl anbraten. Mit dem Mehl bestäuben, mit der Gemüsebrühe ablöschen und etwa 5 Minuten bei schwacher Hitze köcheln lassen.

4. Die Sahne dazugeben und heiß werden lassen. Die Champignonrahmsuppe mit Salz und Pfeffer abschmecken und die gehackte Petersilie unterrühren.

5. Die Suppe auf Teller verteilen und mit der beiseitegestellten Petersilie und den gebratenen Champignons garnieren.

Mein Tipp:
Das ist meine absolute Lieblingssuppe. Sie ist supervielseitig, ob als Vorspeise oder aber auch abends mit einer leckeren Scheibe Brot. Und Champignons haben ja idealerweise immer Saison und sind gesund! Die Suppe ist vegetarisch und kann nach Wunsch auch vegan zubereitet werden.

Durch den Umbau des kleinen elterlichen Hofs zu einem Erlebnis-Bauernhof für Kinder hat Rita zwei Fliegen mit einer Klappe geschlagen. Sie hat sich damit einen lang gehegten Lebenstraum erfüllt, bei dem sie gleichzeitig ihrer Leidenschaft für außergewöhnliche Tierrassen frönen kann.

Rita Meermeyer

Eine Arche für seltene Tiere in Ostwestfalen-Lippe: Auf dem Wantüns Hof in Atteln nahe Paderborn geht die Arbeit mit Leidenschaft und Liebe kinderleicht von der Hand.

Auf dem Wantüns Hof, 20 Kilometer südlich von Paderborn tummelt sich neben der Familie der 44-jährigen Rita Meermeyer mit Ehemann Raimund, Tochter Pia, Sohn Jonas sowie Ritas Eltern eine bunt gemischte Tier-WG: Coburger Fuchsschafe, eine vom Aussterben bedrohte Nutztierrasse, Anglo-Nubier-Ziegen, eine bunte Milchziegenart mit langen Ohren, deren Vorfahren aus Ägypten und Indien stammen, Brahmas, asiatisch-amerikanische Riesenhühner mit Federn an den Füßen, Mini-Schweine, Laufenten, Ponys, Langohr-Zwergkaninchen, Katzen, das Gänsepaar Ursula und Markus sowie Hofhund Malte. Die Vielfalt an Tieren beeindruckt, zumal sie nicht nur als Nutztiere gehalten werden, sondern die seltenen Rassen auf dem Hof auch einfach (über-)leben können.

Wo so viel Getier zusammentrifft, gibt es natürlich reichlich Arbeit. Für das „Tagesgeschäft" sorgt Rita allein. Raimund ist hauptberuflich Pflegedienstleiter in einem Altenheim. Rita und er haben sich vor 26 Jahren in Paderborn in einem Altenheim „praktisch an der Spülmaschine" kennen gelernt. Damals machte die Ostwestfälin dort ihre Ausbildung, während ihr heutiger Ehemann im selben Haus seinen Zivildienst ableistete. Raimund ist ursprünglich ein Stadtkind, kann sich ein Leben ohne Landluft aber nicht mehr vorstellen. Gerne packt der 49-Jährige abends nach Dienstschluss noch mit an. Denn die Arbeit in der Natur mit den Tieren empfindet er regelrecht als Entspannung. Rita entspannt nach getaner Arbeit am besten beim Sulkyfahren mit Shetlandpony Diva.

> »Es ist einfach schön, mit dem Pony durch die Natur zu fahren«

Fast alles auf dem Hof ist von Rita selbst gestaltet und gemacht. „Mir ist es wichtig, dass es auch einladend und schön um das Haus und den Hof aussieht", erklärt sie und man glaubt ihr sofort, dass sie das Gesagte so lebt. Darum freut es sie besonders, wenn Besucher ihre Arbeit wahrnehmen und wertschätzen. Tochter Pia anerkennt das handwerkliche Geschick ihrer Mutter ebenfalls, denn „ohne Mama wäre der Hof auch nicht so schön, wie er ist". Diese Begabung hat Rita offensichtlich auch an den 18-jährigen Sohn Jonas weitergegeben, der eine Feuerschale zum Garen des Flammlachses für die Hauptspeise selbst gebaut hat.

Ihr handwerkliches Geschick dürfen die übrigen Landfrauen bei ihrem Besuch mit dem Bau von Eichhörnchen-Futterboxen ebenfalls unter Beweis stellen, während Rita das Essen unter anderem in der Outdoorküche zubereitet. Gegessen wird in der zum Dinnerraum umfunktionierten Scheune. Die Dekoration von Raum und Tafel hat die Landfrau ganz genau geplant – pfiffige Ideen mit großer Wirkung heißt hier das Motto. Großen Eindruck hinterlässt bei den Gästen übrigens nicht nur die Deko, sondern auch das gesunde, regional und saisonal ausgerichtete Menü mit vielen Zutaten aus dem eigenen Gemüsegarten. Tochter Pia hilft mit ihren Freundinnen beim Servieren. Die 16-Jährige ist sich sicher, dass ihre Mutter gute Chancen auf den Sieg hat: „Mama kann sehr gut kochen, das sagen auch immer Freunde, wenn sie hierher zum Essen kommen."

Egal, wie dieser Wettstreit ausgeht – Vertrauen in die Familie ist und bleibt doch das Wichtigste! Und bei so gutem Teamwork und so enger familiärer Verbundenheit wie bei den Meermeyers kann doch gar nichts schiefgehen, zumal man förmlich spüren kann, was für ein glückliches Paar Rita und Raimund sind – mit den Herzen am rechten Fleck.

Überbackener Ziegenkäse

auf Feldsalat
mit Honigsauce

Zutaten für 6 Personen

2 EL Pinienkerne
2 große Äpfel
Butter für die Form
4 Scheiben Ziegenfrischkäse
(à ca. 1 cm dick)
1 Handvoll Salatblätter
(z. B. Rucola oder Feldsalat)
2 EL Honig
1 EL Butter
1/2 EL Aceto balsamico

1. Den Backofen auf 225 °C vorheizen. Die Pinienkerne in einer Pfanne ohne Fett goldgelb anrösten. Die Äpfel waschen, trocken reiben und in 4 etwa 1 1/2 cm dicke Scheiben schneiden, dabei das Kerngehäuse entfernen.

2. Eine ofenfeste Form einfetten. Die Apfelscheiben hineinlegen und jeweils 1 Scheibe Käse darauflegen. Im Ofen auf der mittleren Schiene etwa 15 Minuten überbacken, bis der Käse schön goldgelb ist.

3. Den Salat verlesen, waschen, trocken schütteln und auf sechs Teller verteilen. Den überbackenen Käse auf den Salat setzen und mit den gerösteten Pinienkernen bestreuen.

4. Honig, Butter und Essig in einem kleinen Topf erhitzen und sämig verrühren. Den Käse mit der Honigsauce beträufeln und servieren.

Mein Tipp:

Am besten schmeckt natürlich Feldsalat aus eigenem Anbau! Es ist ganz unkompliziert, Feldsalat das ganze Jahr über auszusähen und zu ernten, man benötigt nicht mal einen Garten dafür. Den dunkelgrünen, kleinblättrigen Salat kann man überall anbauen, selbst im Balkonkasten, und das noch Ende Oktober. Wichtig ist es, den Feldsalat nicht zu dicht und am besten im Abstand von einer Woche zu sähen, damit nicht alle Pflänzchen zeitgleich erntereif sind.

Flammlachs

mit Mangoldtürmchen
und Rosmarin-Bamberger-Hörnchen

Zutaten für 6 Personen

Für den Lachs:
ca. 1,2 kg Lachsfilet (am Stück;
mit Haut)
1 TL Paprikapulver (edelsüß)
1 TL schwarze Pfefferkörner
1 Prise Chilipulver
(nach Belieben)
1 TL Wacholderbeeren
1 TL Meersalz
1 EL Butter
2 EL Honig

Für die Rosmarin-Bamberger-
Hörnchen:
1 kg Bamberger Hörnchen (kleine
festkochende Kartoffeln)
2 Knoblauchzehen (in feinen
Würfeln)
2–3 EL Olivenöl
2 TL Salz
3 TL getrockneter Rosmarin
1 TL Paprikapulver (edelsüß)

Für die Mangoldtürmchen:
12 Mangoldblätter
Zucker
Salz
1 Zwiebel (in feinen Würfeln)
2 Knoblauchzehen (in feinen
Würfeln)
etwas Butterschmalz
100 ml Orangensaft
Zucker
Pfeffer aus der Mühle
30 g Ziegenfrischkäse
50 g geriebener Käse

1. Ein Flammlachsholzbrett (ca. 15 x 60 x 2 cm; aus Buche oder Eiche) mindestens 2 Stunden vor Verwendung in reichlich Wasser einlegen. Den Grill vorheizen.

2. Das Lachsfilet waschen, trocken tupfen und mit der Hautseite auf das Holzbrett legen. Die Gewürze mit dem Salz im Mörser grob zerstoßen. Die Mischung über den Lachs streuen und sanft einreiben. Den Lachs mit der Flammlachshalterung auf dem Brett befestigen.

3. Die Butter in einem kleinen Topf zerlassen und den Honig unterrühren. Die Glut etwas herunterbrennen lassen, es sollten aber immer noch Flammen züngeln. Das Brett mit dem Lachs vorsichtig, leicht schräg über das Feuer geneigt, aufstellen und den Lachs 45 bis 60 Minuten über dem Feuer garen, bis sich eine leichte Kruste bildet und an den Seiten etwas Fett austritt. Zwischendurch den Lachs immer mal wieder mit der Honig-Butter bestreichen.

4. Für die Rosmarin-Bamberger-Hörnchen die Kartoffeln mit der Schale waschen und im Abstand von 3 mm ein-, aber nicht durchschneiden. Die übrigen Zutaten verrühren, die Kartoffeln damit marinieren und 1 bis 2 Stunden ziehen lassen. Den Backofen auf 200 °C vorheizen. Die Kartoffeln in eine ofenfeste Form legen und im Ofen auf der mittleren Schiene 30 bis 40 Minuten backen.

5. Für die Mangoldtürmchen den Mangold waschen und trocken schütteln. Die Blätter vom Stiel schneiden, die Stiele in etwa 1 cm lange Stücke, die Blätter in etwa 1 cm breite Streifen schneiden. Reichlich Salzwasser erhitzen und die Stiele darin 3 Minuten blanchieren, dann die Blätter dazugeben und weitere 3 Minuten blanchieren. Beides in ein Sieb abgießen, kalt abschrecken und abtropfen lassen.

6. Zwiebel- und Knoblauchwürfel im Butterschmalz andünsten. Den Mangold dazugeben und kurz mitdünsten. Mit dem Orangensaft ablöschen und bei mittlerer Hitze etwa 5 Minuten köcheln lassen. Mit 1 Prise Zucker, Salz und Pfeffer abschmecken und den Ziegenfrischkäse unterrühren. Die Masse auf sechs ofenfeste Förmchen verteilen, mit dem geriebenen Käse bestreuen und auf der untersten Schiene die letzten 10 Minuten der Garzeit zu den Kartoffeln in den Ofen schieben.

7. Den Lachs vom Feuer nehmen und mit einem scharfen Messer in 6 Stücke schneiden. Zusammen mit den aus den Förmchen gelösten Mangoldtürmchen und den Rosmarin-Bamberger-Hörnchen anrichten.

*Hübsch dazu und lecker obendrein:
kleine Tuffs aus feiner Schlagsahne*

Gefrorenes Brombeer-Joghurt-Törtchen

auf Brombeerspiegel
mit Waffelherzen

Zutaten für 6 Personen

Für die Törtchen:
300 g Brombeeren
1 TL Zitronensaft
1 TL Honig
80 g Schokokekse
50 g Butter
500 g Schafmilchjoghurt
(oder griechischer Joghurt)
100 g Frischkäse
100 g Sahne
50 g Puderzucker
ausgekratztes Mark von
1/2 Vanilleschote
essbare Blüten zum Garnieren
100 g Zartbitterkuvertüre
1 TL Kokosfett

Für den Brombeerspiegel:
400 g Brombeeren
1 EL Ahornsirup
1 Päckchen Vanillezucker
1 TL Puderzucker
1 TL Zitronensaft

Für die Waffeln:
350 g Mehl
200 g Butter
165 g Zucker
1/2 Päckchen Backpulver
1 Päckchen Vanillezucker
4 Eier
etwas Mineralwasser
(mit Kohlensäure)
Butter zum Einfetten

1. Für die Törtchen die Brombeeren verlesen, waschen und trocken tupfen. Die Beeren in einem hohen Rührbecher mit dem Stabmixer pürieren und durch ein feines Sieb in einen kleinen Topf streichen. Mit Zitronensaft und Honig aufkochen und etwa 1 Minute sanft köcheln lassen. Vom Herd nehmen und abkühlen lassen.

2. Die Kekse zerbröseln. Die Butter zerlassen, kurz abkühlen lassen und unter die Kekskrümel rühren. Sechs Dessertringe (à 7 1/2 cm Durchmesser) auf eine gefriertaugliche, mit Backpapier ausgelegte Platte stellen. Die Keksmasse in die Dessertringe füllen und festdrücken.

3. Den Joghurt mit Frischkäse, Sahne, Puderzucker und Vanillemark verrühren. Das Brombeermus unterrühren, evtl. mit etwas Puderzucker abschmecken. Die Masse in die Eismaschine geben und etwa 1 Stunde cremig gefrieren. Die Masse auf die Dessertringe verteilen und die Törtchen etwa 4 Stunden im Tiefkühlfach frieren lassen. Einige Minuten vor dem Vernaschen die Törtchen herausnehmen und bei Zimmertemperatur antauen lassen.

4. Während der Auftauzeit die Blüten vorsichtig waschen und trocken tupfen. Die Kuvertüre mit dem Kokosfett im heißen Wasserbad schmelzen. Mit einem scharfen, dünnen Messer am Rand der Dessertringe entlangfahren, die Törtchen lösen und vorsichtig aus den Ringen drücken. Mit der Kuvertüre übergießen und mit den Blüten garnieren.

5. Für den Brombeerspiegel die Brombeeren verlesen, waschen und trocken tupfen. Die Beeren in einem Topf aufkochen und kurz sanft köcheln lassen. Die Beeren durch ein feines Sieb passieren. Das Brombeermus in einen kleinen Topf geben, sanft erwärmen und einköcheln lassen, bis eine sirupartige Konsistenz erreicht ist. Mit Ahornsirup, Vanillezucker, Puderzucker und Zitronensaft abschmecken. Vom Herd nehmen und abkühlen lassen, nach Belieben mit einigen Tropfen Himbeergeist aromatisieren.

6. Für die Waffeln alle Zutaten zu einem Waffelteig verrühren und im gefetteten Waffeleisen Herzchenwaffeln ausbacken. Den Brombeerspiegel auf Tellern aufstreichen und mit Herzchenwaffeln und Törtchen anrichten.

Ritas feine Lasagne

mit buntem Gemüse und Kräuter-Tomaten-Sauce

Zutaten für 4 Personen

Für die Lasagne:
1 Zwiebel
1 Möhre
1 große Zucchini
1 kleine Aubergine
1 Stange Staudensellerie
(mit Grün)
2 EL Olivenöl
Salz · Pfeffer aus der Mühle
200 g Schmand
250 g geriebener Käse
9 Lasagneplatten

Für die Sauce:
2 Knoblauchzehen
3 EL Olivenöl
500 g passierte Tomaten
3 EL Tomatenmark
1 Handvoll gemischte Kräuter
(z. B. Basilikum, Petersilie,
Oregano)
Salz · Pfeffer aus der Mühle

1. Für die Lasagne die Zwiebel schälen und in feine Würfel schneiden. Möhre, Zucchini, Aubergine und Sellerie putzen, waschen und in Würfel oder Streifen schneiden, dabei das Selleriegrün beiseitelegen.

2. Das Olivenöl in einer Pfanne erhitzen, das Gemüse darin etwa 5 Minuten kräftig anbraten und mit Salz und Pfeffer würzen. Die Pfanne vom Herd nehmen und Schmand und 150 g Käse unter das Gemüse rühren, bis der Käse geschmolzen ist. Nochmals mit Salz und Pfeffer abschmecken.

3. Für die Tomatensauce den Knoblauch schälen und in feine Würfel schneiden. In einem Topf im heißen Olivenöl andünsten, mit den passierten Tomaten ablöschen und aufkochen lassen. Das Tomatenmark unterrühren und die Sauce bei mittlerer Hitze etwa 10 Minuten köcheln lassen. Den Backofen auf 180 °C Umluft vorheizen.

4. Die Kräuter und das Selleriegrün waschen, trocken schütteln und die Blätter abzupfen. Alles fein hacken und unter die Sauce rühren. Mit Salz und Pfeffer würzen und den Topf vom Herd nehmen.

5. Gemüsemischung, Lasagneplatten und Tomatensauce abwechselnd in eine ofenfeste Form schichten, dabei mit Gemüse beginnen und mit Tomatensauce abschließen. Die Lasagne mit dem restlichen Käse bestreuen und im Ofen auf der mittleren Schiene etwa 30 Minuten überbacken.

Mein Tipp:
Durch Käse und Schmand und in Verbindung mit der Tomatensauce bekommt das Gemüse einen feinen und fruchtigen Geschmack. Deshalb schmeckt es auch denjenigen, die Gemüse sonst nicht so gerne auf dem Teller haben.

Zimtschnecken

aus
dem Feuertopf

Zutaten für ca. 10 Stück

Für die Füllung:
125 g Rosinen
3–4 EL Kokosraspel
3–4 EL Rum
125 g flüssige Butter
1 EL Zimtpulver
125 g brauner Zucker
3 EL Kakaopulver

Für den Teig:
500 g Mehl
1 Würfel frische Hefe (42 g)
1 TL Zucker
1/4 l lauwarme Milch
80 g Zucker
80 g weiche Butter
1 Prise Salz

Außerdem:
Butter und Mehl für den Feuertopf
Mehl für die Arbeitsfläche
1 Eigelb

1. Die Rosinen und die Kokosraspel in einer großen Schüssel im Rum einweichen. Die Glut vorbereiten.

2. Für den Teig alle Zutaten mit den Knethaken des Handrührgeräts oder in der Küchenmaschine zu einem glatten Teig verrühren und zugedeckt an einem warmen Ort 1 Stunde gehen lassen.

3. Für die Füllung die restlichen Zutaten unter die Rumrosinen rühren. Die Füllung darf nicht zu flüssig sein, sonst läuft sie später aus und brennt am Topfboden an.

4. Den Feuertopf (Dutch Oven) einfetten und mit Mehl bestäuben. Den Hefeteig nochmals kräftig durchkneten, auf der bemehlten Arbeitsfläche flach zu einem Quadrat ausrollen und gleichmäßig mit der Füllung bestreichen. Von einer Seite her aufrollen und etwa 3 cm dicke Scheiben abschneiden. Diese mit der Schnittfläche nach oben nebeneinander in den Feuertopf stellen. Die Zimtschnecken zugedeckt weitere 45 Minuten gehen lassen, bis sich ihr Volumen in etwa verdoppelt hat.

5. Das Eigelb verquirlen und die Zimtschnecken damit bestreichen. Den Feuertopf in die Glut stellen und die Zimtschnecken darin mit wenig Hitze von unten (etwa 4 bis 5 Eierbriketts) und viel Hitze von oben (etwa 10 Eierbriketts) 30 bis 40 Minuten backen.

Mein Tipp:
Am besten schmecken die Zimtschnecken noch warm mit Vanillesauce. Das Rezept kann auch in einer Auflaufform im Backofen gebacken werden, allerdings schmeckt es um ein Vielfaches besser in freier Natur, in gemütlicher Runde am Feuer sitzend und mit dem Duft von Rauch und Freiheit in der Nase.

Vor fünf Jahren haben Claudia und ihre Mann den Hof komplett umgekrempelt und eine kleine Rinderfarm daraus gemacht. Ihr erklärtes Ziel: das beste Rindfleisch in NRW zu produzieren. Dass die Haltung artgerecht ist und das Futter fast ausschließlich selbst angebaut wird, liegt auf der Hand.

Hof KeiL

Claudia Keil

Bestes Rindfleisch aus dem Herzen des Westmünsterlands. Auf dem Hof Keil bei Reken dürfen die Tiere im Einklang mit der Natur leben.

Mitten im Naturschutzgebiet der ehemaligen Hochmoore bei Reken ist der Hof Keil das Zuhause von Claudia und ihrem Mann Heiner, ihren drei Kindern Erik (sechs Jahre), Lina (vier Jahre) und Piet (zwei Jahre) sowie den Schwiegereltern Elisabeth und Heinz. Von ihnen haben beide den Hof übernommen. Die studierte Diplom-Pädagogin lebt hier das Bild einer modernen Landfrau, die „voll hinter dem Hof steht, den Hof mit managt und die gleichberechtigt ist", wie sie es selbst beschreibt. Claudia und Heiner treffen alle Entscheidungen gemeinsam.

Nach der Übernahme vor fünf Jahren haben die Keils den Hof komplett und von Grund auf umstrukturiert und aus einem konventionellen kleinen Mischbetrieb eine reine Rinderfarm gemacht. Das Ehepaar hat sich bei der Zucht für die Blondes d'Aquitaine, eine aus dem Südwesten Frankreichs stammende Rinderrasse, entschieden. Die hübschen hellen Tiere sind ruhig und anpassungsfähig und ihre starke Muskelausprägung bedeutet eine hohe Schlachtausbeute. Die insgesamt rund 400 Tiere leben im Sommer in kleinen Gruppen auf stattlichen 110 Hektar Weidefläche. Jede Herde hat ihren eigenen Bullen, bei der Fortpflanzung wird der Natur freier Lauf gelassen. Und auf den Weiden bekommen die Tiere den Auslauf, nach denen ihre natürlichen Anlagen eigentlich verlangen.

„Die Rinder kennen Sonne, Wind und Regen, das ist mir persönlich ganz wichtig", erklärt die 32-Jährige. Im Winter stehen die Tiere in großen Ställen – auf Stroh

»Unsere Tiere kennen die Jahreszeiten.«

natürlich. Ein weiteres Zeichen für die artgerechte Haltung der Tiere: Sie tragen noch ihre Hörner. Artgerechte Haltung und gutes Futter sind zur Produktion von bestem Fleisch das A und O, da sind sich Claudia und Heiner sicher, wobei die beiden beim Mix des besten Futters eine Weile lang experimentiert haben. „Das Futter bauen wir soweit möglich alles selbst an", erklärt Heiner. Einzig Mineralfutter und Tiersalze werden zugekauft.

Bei Produktion und 100-prozentiger Direktvermarktung steht der Hof für Transparenz, Qualität und Nachhaltigkeit. „Man legt seinen Zwei-Kilo-Braten in die Pfanne und holt dieselbe Menge wieder raus. Man hat keinen großen Bratverlust, trotzdem ist das Fleisch zart und bekömmlich und auch vom Aroma her sehr gut", so fasst Heiner zusammen – und das ist nicht nur Traumvorstellung jedes Fleischkäufers, sondern auch gelebtes Ziel der Keils. Geschlachtet wird seit Kurzem in der neuen hofeigenen Landmetzgerei, das erspart den Tieren jeglichen Transportstress, was sich wiederum zusätzlich positiv auf die Fleischqualität auswirkt. Das Fleisch wird neben dem Hofladen per Bestellung direkt an Privatkunden sowie an die Gastronomie im Umland verkauft.

Und trotz aller Hektik im Alltag legen Claudia und Heiner wert darauf, am Ende jedes Tages Quality Time für die Kinder übrig zu haben, um „ihnen ein Grundvertrauen in die Welt" mitgeben zu können, wie Claudia es ausdrückt. Wenn beide auf die letzten fünf Jahre zurückblicken, ist das Ehepaar stolz, mit dem Aufbau der Landmetzgerei nun 40 bis 50 Prozent der ursprünglich gesteckten Ziele erreicht zu haben. Da Heiner allerdings ein „Visionär ist, der immer weiter guckt", darf es als sicher gelten, dass bei dem zielstrebigen, sympathischen Landwirtpaar noch viele spannende Projekte folgen werden.

*Wenn es einmal schneller gehen soll, nehmen
Sie einfach vorgegarte Rote Bete.*

Rote-Bete-Carpaccio

mit
Rindertatar

Zutaten für 6 Personen

6 Rote Beten
Salz
600 g Rinderfilet
4 EL Olivenöl
1/2 EL Knoblauchöl
1/2 EL gehackte Kapern
1 EL gehackte Petersilie
1 EL gehackte Cornichons
1 EL Schalottenwürfel
1 EL Tomatenketchup
Pfeffer aus der Mühle
1 Handvoll Feldsalat
6 EL Aceto balsamico
2–3 TL Akazienhonig
6 Wachteleier (oder Hühnereier)
Öl zum Anbraten

1. Für das Rote-Bete-Carpaccio die Roten Beten putzen, waschen und in reichlich Salzwasser bei mittlerer Hitze etwa 45 Minuten garen. Die Roten Beten abgießen, kurz ausdampfen lassen und schälen (dabei am besten Einweghandschuhe tragen). Die Knollen in feine Scheiben schneiden, aus den Scheiben mit einem Metallring (6 cm Durchmesser) Ringe ausstechen und auf den Tellern jeweils kreisrund anordnen.

2. Für das Rindertatar das Fleisch plattieren und in feine Würfel schneiden. Das gewürfelte Fleisch in einer Schüssel mit 1 EL Olivenöl, Knoblauchöl, Kapern, Petersilie, Cornichons, Schalottenwürfeln und Ketchup mischen. Mit Salz und Pfeffer abschmecken.

3. Den Feldsalat waschen, verlesen und trocken schütteln. Die Blätter gleichmäßig auf dem Carpaccio verteilen. Das Rindertatar mithilfe eines Vorspeisenrings (10 cm Durchmesser) auf dem Salat anrichten und den Ring wieder entfernen.

4. Restliches Olivenöl, Essig und Honig zu einem Dressing verrühren und mit Salz und Pfeffer abschmecken. Salat und Carpaccio mit dem Dressing beträufeln. Die Eier im Öl zu Spiegeleiern braten, auf das Tatar geben und sofort servieren.

Porterhousesteak

mit
Backkartoffeln und bunten Möhren

Zutaten für 6 Personen

Für die Backkartoffeln:
500 g grobes Meersalz
1 kg mehligkochende Kartoffeln

Für die Möhren:
ca. 1 kg bunte Möhren
3–4 Zweige Thymian
3 EL Öl
1 TL Salz
1/2 TL Zucker
Pfeffer aus der Mühle

Für das Steak:
1–1,2 kg Porterhousesteak
Salz · Pfeffer aus der Mühle

Für die Kräuterbutter:
50 g Kräuter (Schnittlauch,
Petersilie, Kerbel, Liebstöckel)
1 Schalotte
1 Knoblauchzehe
250 g weiche Butter
Salz · Pfeffer aus der Mühle

Für die Sour Cream:
250 g Magerquark
150 g saure Sahne
2 EL Schnittlauchröllchen
1 TL Honig
Salz · Pfeffer aus der Mühle
1 Knoblauchzehe (gepresst)

Außerdem:
250 g Butter

1. Für die Backkartoffeln den Backofen auf 230 °C Umluft vorheizen. Eine Auflaufform 2 cm hoch mit grobem Meersalz füllen. Die Kartoffeln mit der Schale gründlich waschen und auf dem Salz verteilen. Die Form mit Alufolie bedecken und die Kartoffeln im Ofen auf der mittleren Schiene 1 1/2 bis 2 Stunden backen.

2. Für die Möhren die Möhren putzen und schälen, dabei jeweils etwas Blattansatz stehen lassen. Den Thymian waschen und trocken tupfen. Öl, Salz und Zucker zu einer Marinade verrühren und den Thymian hineinlegen. Die Möhren in einer Auflaufform mit der Marinade übergießen, zu den Kartoffeln in den Ofen schieben und etwa 1 Stunde garen.

3. Die Butter in einem Topf zerlassen, bis sie zu schäumen beginnt, leicht braun wird und nussig riecht. Die Nussbutter durch ein mit einem Mulltuch ausgelegtes feines Sieb passieren. Zwei Drittel der Nussbutter über die Backkartoffeln träufeln und die Kartoffeln mit Meersalz würzen. Die Möhren in der restlichen Nussbutter schwenken und mit Salz und Pfeffer würzen.

4. Für das Steak den Backofen auf 80 °C vorheizen. Das Fleisch waschen, trocken tupfen und im Ofen auf dem Grillgitter garen, bis es eine Kerntemperatur von 51 °C hat. Das Fleisch aus dem Ofen nehmen und die Ofentemperatur auf 40 °C reduzieren. Das Fleisch wieder hineinschieben und zugedeckt warm halten.

5. Inzwischen für die Kräuterbutter die Kräuter waschen und trocken schütteln, Nadeln bzw. Blättchen abzupfen und fein hacken. Schalotte und Knoblauch schälen, die Schalotte in feine Würfel schneiden. Die Butter mit den Quirlen des Handrührgeräts cremig rühren. Schalottenwürfel und Kräuter unter die Butter rühren und die Knoblauchzehe dazupressen. Die Kräuterbutter mit Salz und Pfeffer abschmecken.

6. Für die Sour Cream alle Zutaten verrühren. Kurz vor dem Servieren das Fleisch unter dem eingeschalteten Backofengrill bis zur gewünschten Bräunung grillen. Das Fleisch herausnehmen, mit Pfeffer und Salz würzen und 10 Minuten ruhen lassen. Kartoffeln im Backofen bei Bedarf wieder erwärmen.

7. Das Porterhousesteak tranchieren, je 1 Klecks Sour Cream auf die Backkartoffeln geben und die Möhren dazu anrichten. Die Kräuterbutter separat dazu reichen.

Lassen Sie die Korken knallen! Denn auch ohne feierlichen Anlass gibt es für die liebsten Gäste immer nur das Beste

Schokotörtchen und Zitronensorbet

auf
Champagnergelee

Zutaten für 6 Personen

Für das Champagnergelee:
250 g gemischte Beeren
(z. B. Himbeeren, Erdbeeren,
Heidelbeeren, Johannisbeeren)
250 g Zucker
700 ml Champagner
(ersatzweise Sekt oder Crémant)
2 EL helles Tortengusspulver
etwas Zitronensaft

Für das Zitronensorbet:
250 g Zucker
1/2 l Zitronensaft
2 cl Wodka

Für die Schokotörtchen:
Butter für die Förmchen
100 g Zartbitterschokolade
100 g Butter
3 Eier
100 g Zucker
Salz
3 EL Mehl
Puderzucker zum Bestäuben

1. Für das Champagnergelee die Beeren verlesen, waschen und auf Dessertgläser verteilen. In einem Topf den Zucker in 1/4 l Wasser einrühren und aufkochen lassen. Den Läuterzucker vom Herd nehmen und abkühlen lassen.

2. 600 ml Champagner zum Läuterzucker in den Topf geben und langsam erhitzen. Den Tortenguss hineinrühren und die Mischung aufkochen lassen. Vom Herd nehmen und abkühlen lassen. Kurz vor dem Servieren den restlichen Champagner und etwas Zitronensaft unter die abgekühlte Masse rühren und das Gelee über der Beerenmischung verteilen.

3. Für das Zitronensorbet in einem Topf den Zucker in 1/4 l Wasser einrühren und aufkochen. Den Läuterzucker vom Herd nehmen und abkühlen lassen. Zitronensaft und Wodka unterrühren. Die Masse in der Eismaschine 20 bis 30 Minuten cremig gefrieren lassen. Zum Servieren das Sorbet auf dem Champagnergelee anrichten.

4. Für die Schokotörtchen den Backofen auf 210 °C (Umluft) vorheizen. Sechs ofenfeste Förmchen (à 10 cm Durchmesser) einfetten und kurz im Tiefkühlfach anfrieren lassen. Die Schokolade in grobe Stücke brechen und mit der Butter in einem Topf unter Rühren schmelzen lassen.

5. Die Eier erst mit dem Zucker und 1 Prise Salz schaumig rühren, dann das Mehl unterrühren. Die Mischung unter die Schokoladen-Butter-Masse heben.

6. Die Förmchen aus dem Tiefkühlfach nehmen, den Teig darin verteilen und die Törtchen im Ofen auf der mittleren Schiene 12 Minuten backen. Die Törtchen herausnehmen und kurz abkühlen lassen. Dann aus den Förmchen lösen und mit Puderzucker bestäuben. Zusammen mit dem Champagnergelee und dem Zitronensorbet servieren.

Gulaschsuppe

vom Weiderind
mit hausgemachter Fleischbrühe

Zutaten für 4 Personen

Für die Fleischbrühe:
1–2 Beinscheiben vom Rind
5–6 Rinderknochen
1 Bund Suppengemüse
1 Zwiebel
5 Pfefferkörner
1 Lorbeerblatt
Salz

Für die Gulaschsuppe:
1 Zwiebel
1 EL Butterschmalz
1 kg Rindergulasch
2 EL Tomatenmark
Salz · Pfeffer aus der Mühle
1–2 TL Paprikapulver (edelsüß)
1–2 TL Gulasch-Gewürz-
mischung
je 1 grüne und rote Paprika-
schote
1 EL Mehl
Tabasco

1. Am Vortag für die Brühe die Beinscheibe(n) und Knochen waschen, trocken tupfen und in einem großen Topf mit etwa 1 1/2 l Wasser bedecken. Das Suppengemüse putzen, waschen und in grobe Stücke schneiden. Die Zwiebel schälen und in grobe Würfel schneiden. Alle Zutaten mit in den Topf geben und zum Kochen bringen.

2. Die Temperatur reduzieren und die Brühe bei schwacher Hitze zugedeckt etwa 6 Stunden ziehen lassen. Die Brühe erkalten lassen und die entstandene Fettschicht abschöpfen. Die Brühe durch ein feines Sieb in einen zweiten Topf abgießen und vor der Verwendung erhitzen.

3. Für die Gulaschsuppe die Zwiebel schälen und in kleine Würfel schneiden. Das Butterschmalz in einem Bräter zerlassen und das Rindergulasch darin rundum anbraten. Das Fleisch wieder herausnehmen. Die Zwiebelwürfel im noch heißen Bratfett andünsten. Das Tomatenmark dazugeben und etwa 3 Minuten anrösten. Das Fleisch wieder hinzufügen und mit Salz, Pfeffer, Paprikapulver und Gulasch-Gewürzmischung würzen. Mit der warmen Brühe ablöschen und die Gulaschsuppe zugedeckt bei schwacher Hitze etwa 2 1/2 Stunden köcheln lassen.

4. Inzwischen die Paprikaschoten längs halbieren, entkernen, waschen und in kleine Würfel schneiden. Die Paprikawürfel nach etwa 2 Stunden Garzeit zur Gulaschsuppe geben.

5. Das Mehl mit wenig Wasser anrühren und unter das Gulasch mischen, bis es leicht andickt. Das Gulasch mit Salz und Pfeffer und nach Belieben mit Tabasco abschmecken.

Geschmorte Rinderrouladen

mit
Mettfüllung

Zutaten für 4 Personen

1 Möhre
1/2 Paprikaschote
4 Rinderrouladen
2 EL scharfer Senf
Salz · Pfeffer aus der Mühle
150 g Schweinemett
2 EL Öl
1 1/2 EL Tomatenmark
90 ml Rotwein
375 ml hausgemachte Fleisch-
brühe
1 EL Mehl

1. Den Backofen auf 200 °C vorheizen. Die Möhre putzen, schälen und in grobe Stücke schneiden. Die Paprikaschote längs halbieren, entkernen, waschen und in grobe Würfel schneiden. Beides beiseitestellen.

2. Die Rinderrouladen mit Küchenpapier trocken tupfen und auf der Arbeitsfläche auslegen. Den Senf gleichmäßig darauf verteilen und glatt streichen. Die Rouladen mit Salz und Pfeffer würzen.

3. Das Schweinemett kräftig durchkneten, in 4 Portionen teilen und diese jeweils zu einer Rolle formen, die in der Länge dem schmalen Ende der Rouladen entspricht. Je 1 Mettrolle ans untere Ende einer Roulade legen, eng aufrollen und mit Küchengarn zusammenbinden.

4. Das Öl in einem Bräter (mit passendem Deckel) erhitzen und die Rouladen darin rundum kräftig anbraten. Das Tomatenmark hinzufügen und kurz mitbraten. Mit dem Rotwein ablöschen und die Brühe dazugießen. Möhre und Paprika hinzufügen, den Bräter verschließen und die Rouladen im Ofen auf der untersten Schiene 1 1/2 bis 2 Stunden schmoren.

5. Die Rouladen aus dem Fond heben und zugedeckt warm halten. Den Fond durch ein feines Sieb in einen Topf abgießen, das Gemüse dabei durch das Sieb streichen. Das Mehl mit wenig Wasser glatt rühren. Den Fond aufkochen und mit dem angerührtem Mehl binden. Die Sauce mit Salz und Pfeffer abschmecken und mit den Rouladen servieren. Dazu passen Rotkohl und Salzkartoffeln bzw. Klöße.

Landwirtschaft ist bei den Lategahns Familiensache. Auf dem Hof kümmert sich Veronika um die Kälbchen und stellt in der hofeigenen Molkerei Joghurt und Quark her. Und wenn im Herbst alle drei bis vier Tage Kälbchen geboren werden, dann packt die toughe Landfrau auch mal selbst mit an.

Veronika Lategahn

Wo in Westfalen Milchbäche fließen – auf dem Milchhof Mühlhausen in Unna gibt das Milchvieh seit mehreren Jahrhunderten täglich sein Bestes für die Molkerei.

Auf dem schönen klassischen Fachwerkhof im kleinen Örtchen Mühlhausen bei Unna wird schon seit dem 18. Jahrhundert Milchwirtschaft betrieben, wobei die erste Erwähnung des Hofs auf das Jahr 1486 zurückreicht. Mit Veronika Lategahn und ihrem Mann Gerhard lebt inzwischen die 14. oder 15. Generation der Familie auf dem Hof. Die 58-Jährige kam in den 80er-Jahren wegen ihrer Ausbildung nach Unna, wo sie Gerhard kennenlernte. So ging ihr großer Wunsch nach einem Hofleben und der Heirat eines Landwirts tatsächlich in Erfüllung. Von den fünf Kindern leben zwei Söhne noch mit auf dem Hof. Die anderen sind bereits ausgezogen, vier von ihnen bleiben dennoch der Landwirtschaft treu. Mit ihrem Hof steht die Familie gerade im Umbruch, denn in den nächsten Jahren werden Veronika und Gerhard ihn an den 28-jährigen Gunther übergeben. „Ich hoffe, wir haben den Betrieb so weit vorangebracht, dass er eine gute Chance hat für seine Zukunft." Die ausgezogenen Kinder vermisst die Landfrau hin und wieder sehr. Was tröstet: „Wenn wir besondere Anlässe haben wie das Rindertreiben, dann laden wir sie immer alle gerne wieder ein", erzählt sie mit verschmitztem Lächeln. Und da alle auch wirklich immer gerne wiederkommen, haben die Eltern ganz offensichtlich alles richtig gemacht.

Gunther hat seit seinem Einstieg in den Betrieb vor drei Jahren schon einiges modernisiert. Ein neuer Stall für die Milchkühe wurde mit modernster Technik bis hin zum Melkroboter ausgestattet. Durch seinen Einsatz kann die Kuh frei entscheiden, wann am Tag sie zur Melkstation geht. Kräftiges, gesundes Milchvieh gibt so täglich stattliche 35 bis 40 Liter Milch. Zudem speichert ein Sensor um den Hals der 120 Milchkühe alle wichtigen Infos über das jeweilige Tier. Gefüttert werden die Tiere mit selbst angebautem Getreide, Mais und Grassilage.

Veronika kümmert sich auf dem Hof um die Kälbchen und arbeitet in der hofeigenen Molkerei. Hier stellt die gelernte Hauswirtschafterin auch Joghurt und Quark her. „Ich mache das sehr gerne, denn ich finde es immer wieder faszinierend, wenn man aus der eigenen Milch so schöne Produkte herstellen und selbst essen kann. Schmeckt toll, ich weiß, wo es herkommt und es ist mit Liebe gemacht", schwärmt Veronika. Nach dem Melken wird die Rohmilch kurz bis auf 70 °C wärmebehandelt, um schädliche Mikroorganismen abzutöten. Das Erhitzen bei vergleichsweise niedriger Temperatur erhält dabei sehr schön den ursprünglichen Geschmack der Milch. Bei der Quarkproduktion sorgen zugesetzte Säurebakterien dafür, dass die Milch fest wird. Danach muss nur noch die Molke ablaufen, die sich abgesetzt hat, und fertig ist der Quark.

»Schmeckt toll, ich weiß wo es herkommt, und es ist mit Liebe gemacht«

Im Laufe des Jahres werden auf dem Hof ständig Kälbchen geboren. In einem neu erbauten Stall rund 500 Meter vom eigentlichen Hof entfernt, sind die trächtigen Tiere untergebracht, das ist quasi der Kreißsaal für Mutterkühe. „Dann ist es immer besser, wir haben sie hier unter Kontrolle, können sie beim Fressen und Kalben beobachten." Und wenn bei einer trächtigen Kuh das Kalben ansteht, dann ist auch Veronika zur Stelle: „Man muss da schon dabei sein, beobachten oder auch mithelfen", erklärt sie. Auf dem Milchhof Mühlhausen packen alle kräftig mit an und halten zusammen. Ganz zu Recht können die Lategahns stolz auf das sein, was sie mit ihrem Milchhof in Unna-Mühlhausen erreicht haben.

Die westfälische Antwort auf
italienisches Pesto – kernig, einfach,
gut!

Dreierlei vom Land

Knochenschinkentatar, Kartoffelrahmsüppchen und Kürbiskernpesto auf Landkartoffeln

Zutaten für 6 Personen

Für das Kartoffelrahmsüppchen:
100 g mehligkochende Kartoffeln
50 g Sellerie
1 mittelgroße Möhre
1/3 Stange Lauch
2 kleine Zwiebeln
7 Scheiben geräucherter Speck
50 g Butter
1/2 l Gemüsebrühe (oder Kalbsfond)
2–3 Stiele Majoran
500 g Sahne
Salz · Pfeffer aus der Mühle

Für Kürbiskernpesto und Landkartoffeln:
70 g Kürbiskerne
etwa 10 Blätter Basilikum
60 g mittelalter Gouda
25 g Sesamöl
etwas abgeriebene Bio-Limettenschale
Salz · Pfeffer aus der Mühle
6 mittelgroße festkochende Kartoffeln

Für das Knochenschinkentatar:
2 rote Zwiebeln
150 g westfälischer Knochenschinken
1/2 Bund Schnittlauch
150 g Crème fraîche
Salz · Pfeffer aus der Mühle
einige Tropfen Worchestershiresauce

1. Für das Kartoffelrahmsüppchen Kartoffeln und Gemüse putzen, waschen und schälen. Kartoffeln, Sellerie, Möhre und Lauch in kleine Würfel schneiden. Zwiebeln und Speck in feine Würfel schneiden und beides in der Butter andünsten. Kartoffel- und Gemüsewürfel hinzufügen und kurz mitdünsten. Mit der Gemüsebrühe ablöschen und die Suppe bei schwacher Hitze etwa 20 Minuten leicht köcheln lassen.

2. Inzwischen für das Kürbiskernpesto die Kürbiskerne in einer Pfanne ohne Fett goldgelb rösten, danach abkühlen lassen. Alle Zutaten (bis auf die Kartoffeln) im Küchenmixer oder mit dem Stabmixer zu einer gebundenen Masse verarbeiten. Für die Landkartoffeln die Kartoffeln mit der Schale gründlich waschen und in Salzwasser etwa 20 Minuten weich garen. Die Kartoffeln abgießen und ausdampfen lassen.

3. Für das Knochenschinkentatar die Zwiebeln schälen und ebenso wie den Schinken in sehr feine Würfel schneiden. Den Schnittlauch in feine Röllchen schneiden. Zwiebeln, Schinken und Schnittlauch mit Crème fraîche verrühren und das Tatar mit Salz, Pfeffer und etwas Worchestershiresauce abschmecken.

4. Kurz vor dem Servieren für die Suppe den Majoran waschen und trocken schütteln, die Blättchen abzupfen. Die Sahne zur Suppe geben und heiß werden lassen. Das Kartoffelrahmsüppchen kurz vor dem Servieren mit Salz und Pfeffer abschmecken, in kleinen Tassen anrichten, mit etwas angeschlagener Sahne und mit frischem Majoran garnieren.

5. Zum Anrichten die lauwarmen Kartoffeln in Scheiben schneiden, je 3 Scheiben auf Teller verteilen und etwas Pesto daraufgeben. Mit dem Kartoffelrahmsüppchen und dem nach Belieben auf Pumpernickelscheiben angerichtetem Knochenschinkentatar servieren. Nach Belieben mit einer Kapuzinerkresseblüte garnieren.

Sanft und ausreichend geschmort, belohnen Sie die Bäckchen mit butterweichem, saftigem Fleisch

Gepökelte Schweinebäckchen

in Landbiersauce
mit Schnibbelbohnen und Kartoffeltalern

Zutaten für 6 Personen

Für die Schweinebäckchen:
500 g Zwiebeln
1 kg gepökelte Schweine-
bäckchen (beim Metzger vorbestellen)
Salz · Pfeffer aus der Mühle
1 EL Thymianblättchen
3 EL scharfer Senf
Öl zum Anbraten
2 EL Zucker
600 ml Kalbsjus
1/2 l Altbier oder Dunkelbier
etwas Speisestärke zum Binden
Butter

Für die Kartoffeltaler:
750 g mehligkochende
Kartoffeln · Salz
1 Zwiebel
120 g geräucherter Speck
Öl oder Butterschmalz zum
Braten
3 EL Schnittlauchröllchen
3 Eier
6 EL Kartoffelmehl
Pfeffer aus der Mühle
frisch gemahlene Muskatnuss
Mehl für die Arbeitsfläche

Für die Schnibbelbohnen:
600 g Stangenbohnen
2 Stiele Bohnenkraut
100 g gewürfelter Speck
1 EL Öl
80 g Zwiebelwürfel
150 g Crème fraîche
Salz · Pfeffer aus der Mühle

1. Für die Schweinebäckchen den Backofen auf 140 °C vorheizen. Die Zwiebeln schälen und in grobe Stücke schneiden. Die Schweinebäckchen rundum mit Salz, Pfeffer und Thymian einreiben und mit dem Senf bestreichen. Das Öl in einer ofenfesten Pfanne erhitzen, das Fleisch darin auf jeder Seite anbraten und wieder herausnehmen.

2. Die Zwiebeln im noch heißen Bratenfett andünsten, den Zucker darüberstreuen und karamellisieren lassen. Mit Kalbsjus und Bier ablöschen. Die Bäckchen in den Sud legen und zugedeckt im Ofen auf der mittleren Schiene etwa 45 Minuten schmoren.

3. Inzwischen für die Kartoffeltaler die Kartoffeln schälen, waschen und in Salzwasser etwa 35 Minuten garen. Die Zwiebel schälen, mit dem Speck in feine Würfel schneiden und beides in etwas Öl oder Butterschmalz knusprig anbraten. Anschließend beiseitestellen. Die Kartoffeln abgießen und ausdampfen lassen. Die Kartoffeln durch die Kartoffelpresse in eine Schüssel drücken. Beiseitegestellte Speck- und Zwiebelwürfel, Schnittlauch, Eier und Kartoffelmehl unterrühren und die Masse mit Salz, Pfeffer und Muskatnuss abschmecken. Die Kartoffelmasse auf der bemehlten Arbeitsfläche zu einer Rolle formen und kühl stellen.

4. Für die Schnibbelbohnen die Bohnen putzen, waschen und längs in feine Streifen schneiden. Das Bohnenkraut waschen und trocken schütteln, die Nadeln abstreifen und fein hacken. Die Speckwürfel im heißen Öl andünsten, dann die Zwiebelwürfel dazugeben. Die Bohnen und das Bohnenkraut hinzufügen und bei schwacher Hitze 15 bis 20 Minuten bissfest garen.

5. Von der Kartoffelrolle kleine Taler abschneiden und im heißen Butterschmalz rundum goldgelb braten.

6. Kurz vor dem Servieren den Fond von den Schweinebäckchen mit etwas Stärke binden und die Sauce mit Butter verfeinern. Crème fraîche unter die Bohnen rühren und die Bohnen mit Salz und Pfeffer abschmecken. Die Schweinebäckchen mit den Schnibbelbohnen und den Kartoffeltalern anrichten und mit etwas Sauce beträufelt servieren.

Stürzen leicht gemacht: Achten Sie darauf, dass der Flammeri vollständig ausgekühlt ist!

Grießflammeri

mit
Pflaumenkompott

Zutaten für 6 Personen

Für den Grießflammeri:
1 l Milch
1 TL Vanillesaucenpulver
1 Eiweiß
ausgekratztes Mark von
1/2 Vanilleschote
4 EL Zucker
80 g Hartweizengrieß
1 Eigelb

Für das Pflaumenkompott:
1 kg Pflaumen
80 g brauner Zucker
1 EL Vanillezucker
1 TL Zimtpulver
100 ml Rotwein
1 TL Speisestärke

1. Für den Grießflammeri von der Milch 4 EL abnehmen und in einem kleinen Topf mit dem Vanillesaucenpulver unter Rühren aufkochen. Den Topf vom Herd nehmen und beiseitestellen.

2. Das Eiweiß mit den Quirlen des Handrührgeräts steif schlagen. Die übrige Milch mit Vanillemark und Zucker in einem zweiten Topf zum Kochen bringen. Den Grieß unter Rühren in die kochende Milch rieseln lassen und bei schwacher Hitze 5 bis 8 Minuten quellen lassen. Dabei ständig weiterrühren.

3. Das Eigelb verquirlen und unter die Grießmasse rühren. Den Eischnee unterziehen und den Pudding auf der ausgeschalteten Herdplatte weitere 3 bis 4 Minuten quellen lassen. Den Flammeri auf Dessertförmchen verteilen, abkühlen lassen und bis zum Servieren mit Frischhaltefolie abgedeckt kühl stellen.

4. Für das Pflaumenkompott den Backofen auf 150 °C vorheizen. Die Pflaumen waschen, entkernen und längs halbieren und mit Zucker, Vanillezucker, Zimtpulver und Rotwein mischen. Die Speisestärke mit 100 ml Wasser verrühren und untermischen. Die Pflaumenmischung in eine flache, ofenfeste Form füllen und im Ofen auf der mittleren Schiene 10 bis 15 Minuten garen.

5. Zum Servieren die Grießflammeris bei Zimmertemperatur auf Dessertteller stürzen und mit dem Pflaumenkompott servieren.

Mein Tipp:
Der Reifegrad der Pflaumen beeinflusst die Garzeit im Backofen: je reifer die Pflaumen, desto kürzer die Garzeit.

Möhren-Ingwer-Suppe

mit
Sojamilch

Zutaten für 4 Personen

750 g Möhren
200 g mehligkochende
Kartoffeln
2 Zwiebeln
1 walnussgroßes Stück Ingwer
1 EL Olivenöl
1/2 TL Zucker
Salz · Pfeffer aus der Mühle
1/2 l vegane Gemüsebrühe
1/2 l Sojamilch

1. Die Möhren putzen und schälen. Die Kartoffeln schälen und waschen. Die Zwiebeln und den Ingwer schälen. Alles in grobe Würfel schneiden.

2. Das Olivenöl in einem Topf erhitzen und Möhren, Kartoffeln, Zwiebeln und Ingwer darin andünsten. Den Zucker dazugeben und leicht karamellisieren. Mit Salz und Pfeffer würzen.

3. Die Gemüsebrühe hinzufügen und das Gemüse bei mittlerer Hitze etwa 15 Minuten weich garen. Die Sojamilch dazugießen und heiß werden lassen.

4. Die Möhren-Ingwer-Suppe mit dem Stabmixer fein pürieren, auf Suppenteller oder -schüsseln verteilen und nach Belieben mit Kräutern (z.B. Schnittlauchröllchen oder Koriander) bestreut servieren.

Mein Tipp:
Eine hübsche Dekorationsidee, zum Beispiel wenn Gäste zu Besuch sind: Dafür 1 Möhre auf der Aufschnittmaschine längs in dünne Scheiben schneiden, leicht einrollen und als Garnitur an den Tellerrand legen.

Himbeer-Buttermilch-Torte

à la
Veronika

Zutaten für 14 Stücke

100 g Zartbitterkuvertüre
80 g Butter
200 g Butterkekse
2 EL Zucker
8 Blatt Gelatine
1 l Himbeerbuttermilch
200 g Schmand
2 Päckchen Vanillezucker
375 g Himbeeren
200 g Sahne

1. Für den Tortenboden die Kuvertüre grob hacken. Die Butter in einem Topf zerlassen und die Kuvertüre darin langsam schmelzen. Die Butterkekse in eine große Schüssel bröseln, Zucker und geschmolzene Kuvertüre untermischen und die Masse in einer Springform (26 cm Durchmesser) festdrücken. Den Tortenboden kühl stellen.

2. Die Gelatine in kaltem Wasser einweichen. Die Buttermilch mit dem Schmand und 1 Päckchen Vanillezucker verrühren. Die Himbeeren verlesen, waschen und trocken tupfen. 125 g Himbeeren zur Buttermilchcreme geben und mit dem Stabmixer fein pürieren. Die Gelatine gut ausdrücken, in einem Topf bei schwacher Hitze unter Rühren auflösen und rasch unter die Himbeercreme rühren.

3. Die Himbeercreme gleichmäßig auf dem Tortenboden verstreichen. 14 Himbeeren zur Dekoration beiseitelegen, die restlichen Himbeeren auf der Torte verteilen und leicht hineindrücken. Die Torte etwa 5 Stunden kühl stellen.

4. Für die Dekoration die Sahne mit dem restlichen Vanillezucker steif schlagen. Den Rand der Springform vorsichtig entfernen und 14 Stücke auf der Torte anzeichnen. Die Sahne in einen Spritzbeutel mit mittlerer Sterntülle (Größe 8) füllen, auf jedes Stück 1 Rosette aufspritzen und mit je 1 Himbeere verzieren.

Britta hat schon ihr ganzes Leben im Sauerland verbracht. Nach wie vor liebt sie die „teilweise auch etwas raue" Natur im südlichen Südwestfalen. Pferde stehen bei ihr schon seit der Kindheit hoch im Kurs und der Besitz eines eigenen Reitstalls war bereits damals ihr Traum.

Britta Hassel

Ein Reiteridyll im Sauerland: Auf dem Islandpferdegestüt Birkenhof in Drolshagen werden für Mädchen und Pferdeliebhaber Träume wahr.

Britta Hassel betreibt heute mit Ehemann Willibert und dessen Sohn Jonas aus erster Ehe nicht weit vom Biggesee bei Olpe entfernt den Birkenhof. Hier in Drolshagen lebt die gesamte Familie ihre Leidenschaft für eine einzelne Pferderasse, die Islandpferde. Der Reit- und Ferienbetrieb beherbergt neben Zucht- und Deckhengsten eine Reitschule sowie Pensionspferde, bietet auf dem Hof Reiterferien an und veranstaltet Turniere. Auf die kleinen (Ferien-)Gäste wartet ein Streichelzoo mit Eseln, Ziegen, Hühnern, Enten, Hasen und sogar einem Pfau.

Brittas Refugium auf dem Hof sind der Reitunterricht, das Abhalten von Lehrgängen sowie der Beritt, also das Einreiten junger Pferde. Mit der Arbeit auf dem Hof hat Britta ihr Hobby zum Beruf gemacht. Eigentlich hatte sie Tiermedizin studieren wollen. Weil sie aber anstatt am Schreibtisch zu sitzen schon damals ihre Zeit viel lieber auf dem Rücken von Pferden verbrachte, machte sie nach dem Abitur aus der Not der Zulassungswartezeit zum Studium eine Tugend und absolvierte eine Ausbildung zur Reitlehrerin, Pferdewirtin und Sportrichterin.

> *»Ich habe den schönsten Beruf, den man sich vorstellen kann …«*

Dass diese Entscheidung goldrichtig war, glaubt man der 39-Jährigen sofort. Und auch nach vielen berufsbedingten Stunden am Tag auf dem Rücken eines Pferdes bleibt ein Ausritt in der Natur Spaß pur und er gibt der Trainerin Zeit, um „einfach mal die Seele baumeln zu lassen … Wenn einer von uns mal schlechte Laune oder einen schlechten Tag hat, sagt der andere: ‚Mensch, es wird Zeit, noch einmal isländisch ausreiten zu gehen.' Das ist dann ein Ausritt, bei dem es verboten ist, im Schritt zu reiten. Und dann hat man gleich wieder gute Laune, wenn man im schnellen Tempo durch den Wald geritten ist."

Früher war der Birkenhof ein gewöhnlicher Pferdebetrieb mit verschiedenen Rassen. Vor 20 Jahren übernahm Willibert den Hof und machte ihn zu einem Gestüt exklusiv für Islandpferde. „Ich mache das ja inzwischen schon seit 45 Jahren", so der 60-Jährige. Viele Pferde, die heute hier leben, sind schon in zweiter, dritter oder sogar vierter Generation in der Hand des erfolgreichen Züchters. Die robuste, dem Menschen gegenüber aufgeschlossene und neugierige Rasse der Islandpferde hat Britta eigentlich erst als 18-Jährige bei und mit ihrem Mann zusammen auf dem Hof kennengelernt und ist „in beide verliebt, immer noch". Auch wenn 20 Jahre Altersunterschied beide trennen, sind sie sich in allem sehr einig und in der Arbeit ein eingespieltes Team. Alle gemeinsam in der sympathischen und offenen Patchworkfamilie lieben nicht nur die Pferderasse aus dem hohen Norden, sondern auch das Land, aus dem die Tiere stammen. „Für Island gibt es nur zwei Varianten: Entweder man findet es traumhaft oder man kann damit gar nichts anfangen."

Über die Pferde hinaus halten Britta und Willibert Kälbchen, die die Familie zur späteren Selbstversorgung mit Fleisch liebevoll aufzieht. „Wir legen selbst viel Wert darauf, dass wir einfach vernünftige, gesunde Lebensmittel haben", erklärt Britta. Artgerechte Haltung liegt Familie Hassel sehr am Herzen. Das gilt auch für die eigenen Hühner, Gänse und Enten. Dass es allen – Mensch wie Tier –, die auf dem Birkenhof leben, gut geht, kann man sehen und spüren.

Avocado-Crevetten-Salat

mit
Buttertoast

Zutaten für 6 Personen

3 reife Avocados
Saft von 1 Zitrone
1 rote Zwiebel
200 g Crevetten (tiefgekühlt und aufgetaut)
Salz · Pfeffer aus der Mühle
2 EL Crème fraîche
3–4 Stiele Petersilie
6 Scheiben Buttertoast

1. Die Avocados halbieren und jeweils den Stein entfernen. Die Avocadohälften schälen und das Fruchtfleisch in kleine Stücke schneiden. Sofort mit dem Zitronensaft beträufeln, damit das Fruchtfleisch nicht braun wird.

2. Die Zwiebel schälen und in feine Würfel schneiden. Die aufgetauten Crevetten in einem Sieb abbrausen und abtropfen lassen. Mit den Zwiebelwürfeln mischen und die Avocado vorsichtig unterheben.

3. Den Salat mit Salz und Pfeffer würzen und die Crème fraîche unterheben. Den Avocado-Crevetten-Salat nach Belieben zusätzlich mit etwas Mayonnaise verfeinern und kurz ziehen lassen.

4. Die Petersilie waschen, trocken tupfen, die Blättchen abzupfen und grob hacken. Den Toast im Toaster anrösten und die Scheiben diagonal halbieren. Den Avocado-Crevetten-Salat auf Schälchen oder Teller verteilen, mit der Petersilie bestreuen und den Toast dazu servieren.

Mein Tipp:
Alternativ kann man das Avocadofruchtfleisch vorsichtig mit einem Esslöffel aus den Schalenhälften lösen und wie im Rezept beschrieben weiterverarbeiten. Zum Servieren dann den Crevettensalat in die Schalenhälften füllen und mit dem Toast auf Tellern anrichten.

Nichts passt zum saftigen Wildragout besser als hausgemachte Spätzle

Hirschragout

in Rotweinsauce
mit Eierspätzle und Preiselbeer-Pfirsich

Zutaten für 6 Personen

Für das Hirschragout:
1,2 kg Hirschfleisch (aus der Keule; ohne Knochen)
4 Zwiebeln
1 Dose Pfirsichhälften (235 g Abtropfgewicht; alternativ 3 frische Pfirsiche und ca. 150 ml Pfirsichsaft)
1/2 l trockener Rotwein
2 Lorbeerblätter
1 EL zerdrückte Wacholderbeeren
3 Gewürznelken
3 EL Öl
Salz · Pfeffer aus der Mühle
2 Zweige Rosmarin
1/2 Bund Thymian
3 EL dunkler Saucenbinder
150 g Naturjoghurt (10 % Fett)
Preiselbeeren aus dem Glas

Für die Spätzle:
550 g doppelgriffiges Mehl (z. B. Spätzlemehl)
5 Eier
1 TL Salz
2 EL Butter

1. Für das Gulasch das Fleisch von Fett und Sehnen befreien und in etwa 2 cm große Würfel schneiden. Die Zwiebeln schälen und in kleine Würfel schneiden.

2. Die Pfirsiche in ein Sieb abgießen und abtropfen lassen, dabei den Saft auffangen. Die Pfirsichhälften beiseitestellen, den Pfirsichsaft in einem Topf mit dem Rotwein und den Gewürzen aufkochen. Die Hitze reduzieren und den Weinsud auf etwa 1/2 l Flüssigkeit einkochen. Den Sud anschließend durch ein Sieb passieren.

3. Das Fleisch in einer Pfanne portionsweise im Öl anbraten, mit Salz und Pfeffer würzen und wieder herausnehmen. Die Zwiebelwürfel im noch heißen Bratenfett andünsten. Fleisch, Weinsud und Zwiebeln in einem großen Topf zugedeckt bei mittlerer Hitze etwa 50 Minuten köcheln lassen.

4. Für die Spätzle Mehl, 1 TL Salz mit 200 ml Wasser in einer großen Schüssel mit den Knethaken des Handrührgeräts oder in der Küchenmaschine etwa 2 Minuten kräftig verrühren, bis der Teig Blasen wirft.

5. In einem großen Topf reichlich Salzwasser zum Kochen bringen. Den Teig mithilfe eines Spätzlehobels oder eines Spätzlebretts portionsweise in das kochende Wasser reiben. Sobald die Spätzle an die Oberfläche steigen, mit einem Schaumlöffel herausnehmen und in kaltem Wasser abschrecken. Die Spätzle bis zum Servieren zugedeckt warm halten.

6. Rosmarin und Thymian waschen, trocken schütteln und Nadeln bzw. Blättchen fein hacken. Den Saucenbinder mit dem Joghurt glatt rühren und das fertige Ragout damit binden.

7. Das Hirschragout mit Salz und Pfeffer abschmecken und mit den gehackten Kräutern bestreuen. Die Pfirsichhälften in einem Topf sanft erwärmen, auf Tellern anrichten und je 1 Klecks Preiselbeeren daraufgeben. Die Butter in der Pfanne zerlassen, die Spätzle darin warm schwenken und zusammen mit dem Hirschgulasch servieren.

Das traditionelle Mandelgebäck stammt aus der Nähe von Florenz und ist mit Amaretto und Gewürzen verfeinert

Cantuccini-Dessert

mit
Beeren der Saison

Zutaten für 6 Personen

375 g Cantuccini
200 ml Crème de Cassis
(franz. Johannisbeerlikör)
60 g Mandelblättchen
750 g gemischte Beeren der
Saison (z.B. Johannisbeeren oder
Heidelbeeren)
400 g Sahne
1 EL Zucker
600 g Naturjoghurt (10 % Fett)

1. Die Hälfte der Cantuccini in einer Schüssel mit Cassis übergießen und darin 10 Minuten einweichen. Die Mandelblättchen in einer Pfanne ohne Fett bei schwacher Hitze anrösten, dabei gelegentlich umrühren. Die Mandeln beiseitestellen und abkühlen lassen

2. Die Beeren verlesen, waschen und trocken tupfen. Die Sahne in einem hohen Rührbecher mit den Quirlen des Handrührgeräts steif schlagen, dabei den Zucker einrieseln lassen.

3. Die restlichen Cantuccini nach Belieben grob zerkleinern und unter die weichen Kekse mischen. Die Keksmischung abwechselnd mit der geschlagenen Sahne und dem glatt gerührten Joghurt in Dessertgläser schichten.

4. Das Cantuccini-Dessert mit den Mandelblättchen bestreuen und nach Belieben mit Beeren garniert servieren.

Mein Tipp:
Das Dessert lässt sich auch gut schon am Vortag zubereiten. Wer es gerne süß mag, kann den Joghurt zusätzlich mit Ahornsirup verfeinern.

Flatkökur

Isländliche Roggenfladen

Zutaten für 10 Stück

Für die Flatkökur:
400 ml Milch
150 g Weizenmehl (Type 405)
150 g Vollkorn-Weizenmehl
150 g Roggenmehl
1 TL Backpulver
1 TL Salz

Außerdem:
Mehl für die Arbeitsfläche
gesalzene Butter zum Bestreichen
geräucherter Lachs oder Lammschinken zum Belegen

1. Die Milch in einem Topf zum Kochen bringen, dann vom Herd nehmen. Die restlichen Zutaten in einer großen Schüssel mischen, eine Vertiefung hineindrücken und die sehr heiße Milch unter Rühren langsam hineinschütten. Den Teig anschließend mit den Knethaken des Handrührgeräts oder der Küchenmaschine kneten, bis er glatt ist. Der Teig sollte zäh sein, aber nicht zu trocken werden.

2. Den Teig in 10 Portionen teilen und jede Portion auf der bemehlten Arbeitsfläche zu einem dünnen, etwa 12 cm großen Kreis ausrollen. Jeden fertigen Fladen mit einem feuchten Küchentuch bedecken und beiseitestellen. Zwischen die fertigen Fladen jeweils etwas Backpapier oder Frischhaltefolie legen, damit sie nicht aneinanderkleben.

3. Eine große Schüssel mit heißem Wasser vorbereiten. Eine gusseiserne Pfanne erhitzen und die Fladen darin einzeln ohne Fett so lange backen, bis die Unterseite schwarze Flecken aufweist, dann wenden. Den Fladen aus der Pfanne nehmen und kurz ins heiße Wasser tauchen. Die Fladen mit einem feuchten Tuch bedeckt und mit Backpapier oder Frischhaltefolie getrennt aufstapeln.

4. Die Flatkökur noch warm mit gesalzener Butter bestreichen, mit Lachs oder Lammschinken belegen und eng aufrollen. Die Rollen in etwa 5 cm breite Stücke schneiden und servieren.

Mein Tipp:
Ganz Hartgesottene backen ihre Flatkökur direkt auf der Herdplatte. Ein heißer Stein ist auch ein Alternative.

Kjötsúpa

Lammfleischsuppe
mit Gemüse der Saison

Zutaten für 6 Personen

*1 kg Lammfleisch (z.B. Haxe oder
aus der Schulter, vom Metzger in
1 1/2 cm dicke Scheiben geschnitten)
Salz · Pfeffer aus der Mühle
1/2 –1 l Lammfond
1 1/2 kg Gemüse der Saison
(z. B. Weißkohl, Kartoffeln, Rüben,
Möhren, Lauch)
1/2 Bund Petersilie
1/2 Bund gemischte Kräuter
(z. B. Thymian und Oregano)*

1. Das Lammfleisch in einem großen Topf mit kaltem Wasser bedecken und langsam zum Kochen bringen, dabei entstehenden Schaum immer wieder mit dem Schaumlöffel abnehmen. Mit Salz und Pfeffer würzen, den Lammfond hinzufügen und das Fleisch ohne Deckel bei schwacher Hitze etwa 1 Stunde köcheln lassen.

2. Inzwischen das Gemüse putzen und waschen, nach Belieben schälen und je nach Sorte grob in Scheiben oder Stücke schneiden. Das Gemüse am Ende der Garzeit zum Fleisch geben und weitere 15 Minuten mit-köcheln.

3. Die Kräuter waschen und trocken schütteln, die Blätter von den Stielen zupfen und fein hacken. Die Kräuter am Ende der Garzeit mit in den Topf geben und die Kjötsúpa nochmals 10 Minuten sanft köcheln lassen.

4. Das Fleisch aus der Suppe nehmen, in Scheiben schneiden und auf tiefe Teller verteilen. Die Kjötsúpa mit Salz und Pfeffer abschmecken und darübergießen. Dazu passen Flatkökur oder mit Salzbutter bestrichenes Roggenbrot.

Mein Tipp:
Falls Sie Weißkohl verwenden, diesen nicht mit dem übrigen Gemüse hinzugeben, sondern erst zusammen mit den Kräutern, dann hat er mehr Biss!

Nicht mehr lange hin und Theresa wird den elterlichen Hof übernehmen. Damit wird sich ihr Kindheitswunsch erfüllen, denn schon immer wollte sie Landwirtin werden. Ihre Eltern sind davon überzeugt, dass sie diesen Meilenstein dank ihrer positiven Energie und innovativen Ideen gut meistern wird.

Theresa Leiders

Von ein paar Kühen zu 2400 Hennen am Niederrhein. Auf dem Stautenhof in Willich-Anrath leben die Tiere artgerecht und es duftet nach bestem Holzofenbrot.

Mit Theresa bewohnen drei Generationen der Familie Leiders den Stautenhof, einen Bio-Betrieb in Willich-Anrath. Seit nunmehr 60 Jahren bewirtschaftet die Familie den Hof aus dem Jahr 1856. 1955 begannen Oma Sophie und Opa Matthias bei Mönchengladbach mit ein paar Kühen und 17 Hektar Ackerland. Nach der Übernahme durch Theresas Vater Christoph und Mutter Beate vor 20 Jahren folgte die Entscheidung, den kompletten Hof auf „Bio", das heißt ökologischen Landbau und artgerechte Tierhaltung, umzustellen. Ihre zahlreichen Produkte vermarkten die Leiders selbst im Hofladen samt Metzgerei, Käsetheke und Bäckerei mit angeschlossenem Bistro. Das Besondere am Stautenhof ist der geschlossene Kreislauf vom Futteranbau über die Aufzucht und Schlachtung der Tiere bis hin zu Verarbeitung und Verkauf der fertigen Produkte – alles unter einem Dach. Letztes Jahr ist Theresa in den elterlichen Betrieb eingestiegen, arbeitet seitdem sehr engagiert mit und ist unter anderem für die insgesamt rund 450 Schweine der Schweizer Landrasse verantwortlich.

Deckeber Romeo hat bei 50 Zuchtsauen ganz schön was zu tun, aber in ihm schlummert auch „pure Männlichkeit", wie Theresa kichernd versichert. Theresa liebt die Arbeit mit den Tieren. Die Schweizer Landrasse ist aufgrund ihres ruhigen und lieben Gemüts für die artgerechte Haltung, bei der Mensch und Tier nahe beieinander leben und viel interagieren, eben auch besonders passend. Vom offenen Stall aus „können die Schweine jederzeit raus, die Sonne genie-

»Die Schweine sind tolle Tiere, jedes hat seine eigene Persönlichkeit «

ßen, sich im Schlamm wälzen, im Stroh liegen". Die Tiere haben viel Platz, auch beim Absauen dürfen sich die Muttertiere frei bewegen und die neugeborenen Ferkel dürfen nach der Geburt sieben Wochen bei den Muttersauen und den anderen Ferkeln im Gruppenstall in Ruhe leben.

Und wie es so ist: Wo Leben beginnt, endet es auch – auf dem Hof wird selbst geschlachtet. „Ich weiß, dass wir auf dem Hof alles gegeben haben, damit es den Schweinen gut geht. Und wenn sie dann letztendlich geschlachtet werden, hatten sie vorher hoffentlich ein einigermaßen glückliches Leben", so Theresa. Ein solches Glück hat nicht jedes Schwein, das auf deutschen Tellern landet. Neben Schweinen, Puten, Schafen und Rindern führen 2000 Masthähnchen und noch ein wenig mehr Legehennen draußen auf den Feldern in autarken mobilen Ställen ein zufriedenes Leben. Mit ungefähr 14 Wochen endet hier das Leben eines Masthähnchens, wobei vergleichbare Tiere in konventionellen Betrieben häufig gerade einmal 30 Tage alt werden dürfen. „Durch das langsamere Wachstum ist das Fleisch viel aromatischer als bei Tieren, die immer nur im Stall gehalten werden bei einer Ration Kraftfutter", erklärt Theresas Vater.

Theresa wollte den anderen Landfrauen ein Menü anbieten, das komplett aus Zutaten vom Hof besteht. Seit einem Jahr bewirtschaftet sie neben den 60 Hektar ökologischer Landbaufläche des Hofs ihren eigenen Gemüseacker. Nach ihrem Job im Schweinestall verbringt sie nahezu täglich Zeit auf „ihrem" Feld, um eigenes Saisongemüse anzubauen und zu ernten. Kräuter kommen aus dem großen hauseigenen Kräutergarten nach Bioland-Richtlinien. Und am Ende des Tages entspannt Theresa am liebsten bei einer Runde auf ihrem Motorrad. „Das ist wirklich ein ganz befreiendes Hobby für mich."

Ziegenkäsefans dürfen sich hier im siebten Himmel wähnen!

Bunter Salat

mit
Dreierlei vom Ziegenkäse

Zutaten für 6 Personen

Für die Zucchini-Ziegenkäse-Päckchen:
2 Zucchini (à etwa 25 cm lang)
1 Knoblauchzehe
4 EL Olivenöl
Salz · Pfeffer aus der Mühle
6 Ziegenkäsetaler
3 TL gehackte Kräuter
(z. B. Petersilie, Schnittlauch,
Salbei, Thymian)

Für den gratinierten Ziegenkäse:
200 g Rote Bete
200 g Ziegenfrischkäserolle
3 EL Olivenöl
Salz · Pfeffer aus der Mühle

Für den gefüllten Filoteig:
6 Schnittlauchhalme
6 Blätter Filoteig
(aus dem Kühlregal)
6 Scheiben Ziegenfrischkäse
mit Honig
1 Eigelb

Für den Salat:
6 Handvoll Pflücksalat
2 Möhren
6 Radieschen
1 Handvoll gemischte Sprossen
(z. B. Alfalfa, Radieschen)
1 Knoblauchzehe
60 ml Aceto balsamico
3 EL Honig
1 EL mittelscharfer Senf
180 ml Olivenöl
Salz · Pfeffer aus der Mühle

1. Für die Zucchini-Ziegenkäse-Päckchen den Backofen auf 175 °C vorheizen. Die Zucchini putzen, waschen und längs in 2 mm lange Scheiben schneiden. Den Knoblauch schälen und in feine Würfel schneiden. Die Zucchinischeiben im heißen Olivenöl anbraten, dann den Knoblauch dazugeben und kurz mitbraten. Aus der Pfanne nehmen und mit Salz und Pfeffer würzen.

2. Je 4 Zucchinischeiben überlappend über Kreuz auf die Arbeitsplatte legen. Die Ziegenkäsetaler rundum mit den Kräutern bestreuen und in die Mitte des Kreuzes legen. Die Zucchinischeiben zu Päckchen einschlagen, mit einem Holzspießchen fixieren und in eine ofenfeste Form legen. Die Zucchini-Ziegenkäse-Päckchen im Ofen auf der mittleren Schiene 20 Minuten backen.

3. Für den gratinierten Ziegenkäse die Roten Beten putzen, waschen und in Salzwasser etwa 20 Minuten garen. Abgießen, kurz ausdampfen lassen und schälen (dabei am besten Einweghandschuhe tragen) und in 1/2 cm dicke Scheiben schneiden. Die Scheiben auf einem mit Backpapier belegten Backblech verteilen. Die Ziegenkäserolle in Scheiben schneiden, auf den Roten Beten verteilen und mit dem Olivenöl beträufeln. Mit Salz und Pfeffer würzen. Zu den Zucchini-Ziegenkäse-Päckchen in den Ofen schieben und etwa 10 Minuten gratinieren.

4. Für den gefüllten Filoteig den Schnittlauch waschen und trocken tupfen. Die Filoteigblätter auf der Arbeitsfläche ausbreiten und den Ziegenfrischkäse jeweils in die Mitte legen. Die Teigränder oben zusammenfassen und mit je 1 Schnittlauchhalm zubinden. Das Eigelb verquirlen, den Filoteig damit bestreichen und die Päckchen auf ein mit Backpapier belegtes Backblech setzen. Zu den anderen Gerichten in den Ofen schieben und 10 Minuten backen.

5. Den Salat waschen und trocken schleudern. Möhren und Radieschen putzen und waschen. Die Möhren schälen und fein raspeln, die Radieschen in Scheiben schneiden. Die Sprossen in einem Sieb abbrausen und abtropfen lassen. Für das Dressing den Knoblauch schälen und durch die Knoblauchpresse drücken. Mit den restlichen Zutaten verrühren und mit Salz und Pfeffer abschmecken.

6. Den Salat auf großen Tellern oder Platten anrichten und mit dem Dressing beträufeln. Möhrenraspel, Sprossen und Radieschenscheiben dekorativ auf dem Salat verteilen. Den Salat zusammen mit dem Dreierlei vom Ziegenkäse servieren.

Mithilfe einer Muffinform bleiben die Gemüserosen gut in Form

Gefüllte Keule vom Weidehähnchen

mit
Gemüserosen

Zutaten für 6 Personen

Für die Gemüserosen:
1 Zwiebel
30 g Speckwürfel
je 1 Bund Schnittlauch und
Petersilie
100 g Bergkäse
200 g Schmand
2 Eier
Salz · Pfeffer aus der Mühle
4 Rote Beten (vorgegart
und vakuumiert)
2 Zucchini
2 Süßkartoffeln
2 Knoblauchzehen
Olivenöl zum Braten
Butter für die Muffinform
6 Blätter Filoteig

Für die Hähnchenkeulen:
6 Hähnchenkeulen
(hohl ausgelöst)
je 1 Bund Schnittlauch und
Petersilie
100 g weiche Butter
1 Knoblauchzehe
2 grüne Paprikaschoten
6 EL Frischkäse
Salz · Pfeffer aus der Mühle
3 EL Öl
2 TL Paprikapulver (edelsüß)
1 TL Knoblauchsalz

1. Für die Gemüserosen die Zwiebel schälen, in feine Würfel schneiden und mit dem Speck anbraten. Herausnehmen und abkühlen lassen. Die Kräuter waschen und trocken schleudern. Von der Petersilie die Blätter abzupfen und mit dem Schnittlauch fein hacken Den Bergkäse grob reiben. Den Schmand mit Eiern, Bergkäse und der Speck-Zwiebel-Mischung verrühren. Die Creme mit 2 TL Salz und 1 TL Pfeffer würzen und die Kräuter unterrühren. Die Roten Beten in 1/2 cm dicke Scheiben schneiden. Zucchini putzen, waschen, Süßkartoffeln schälen und beides ebenfalls in dünne Scheiben schneiden. Den Knoblauch schälen und in feine Würfel schneiden. Das Gemüse im Olivenöl bei mittlerer Hitze etwa 3 Minuten anbraten. Vom Herd nehmen.

2. Die 12 Mulden einer Muffinform einfetten. Die Filoteigblätter in etwa 5 cm breite Streifen schneiden und mit der Schmandcreme bestreichen. Das Gemüse daraufgeben, die Teigstreifen eindrehen und jeweils in eine Mulde setzen.

3. Für die Hähnchenkeulen etwas Fleisch aus den Hähnchenkeulen lösen, damit diese besser gefüllt werden können. Das Fleisch waschen und trocken tupfen. Die Kräuter waschen, trocken schütteln und fein hacken (etwa ein Drittel für die Füllung beiseitestellen). Die Kräuter mit der Butter mischen. Den Knoblauch schälen und dazupressen.

4. Die Haut einseitig von den Keulen lösen und die Kräutermasse jeweils unter der Haut verteilen. Die Paprikaschoten längs halbieren, entkernen, waschen und in kleine Würfel schneiden. Die Paprikawürfel mit dem Frischkäse und den beiseitegestellten Kräutern mischen und mit Salz und Pfeffer würzen.

5. Den Backofen auf 180 °C Umluft vorheizen. Die Frischkäsemasse in den Hähnchenkeulen verteilen. Öl, Paprikapulver und Knoblauchsalz verrühren und die Keulen rundum damit bestreichen. Das Fleisch in Alufolie einwickeln, auf das Ofengitter legen und im Ofen 30 Minuten garen. Die Gemüserosen gleichzeitig mitbacken, nach 25 Minuten herausnehmen und bei Bedarf mit Alufolie abdecken, damit sie nicht zu dunkel werden.

6. Das Fleisch aus der Alufolie wickeln und offen etwa 10 Minuten knusprig backen. Hähnchenkeulen in Scheiben schneiden und mit den Gemüserosen anrichten. Dazu passen gebackene Kürbisspalten und ein Kräuterschmand.

Dieses heißkalte Überraschungspaket macht jeder gerne auf

Crêpe-Eispäckchen

mit
Apfelragout

Zutaten für 6 Personen

Für das Parfait:
200 g weiße Schokolade
2 Eier
4 EL Zucker
1 Päckchen Vanillezucker
250 g Sahne
Salz
300 ml Eierlikör
1 EL Zucker

Für die Crêpes:
3 EL Butter
150 g Mehl
350 ml Milch
5 Eier
Salz
4 EL Mineralwasser
(mit Kohlensäure)
200 g Mandelblättchen
Öl zum Ausbacken

Für das Apfelragout:
200 g säuerliche Äpfel
(z. B. Braeburn oder Elstar)
50 g Zucker
330 ml Cidre
170 ml Apfelsaft
1 Päckchen Vanillezucker
2 gehäufte TL Speisestärke
2 EL Amaretto (ital. Mandellikör)
2 EL Calvados (Apfelbrand)

1. Für das Parfait die Schokolade im heißen Wasserbad schmelzen, dünn auf einem Bogen Backpapier verstreichen und auskühlen lassen. Die Eier trennen. Eigelbe, 3 EL Zucker und Vanillezucker mit den Quirlen des Handrührgeräts hellcremig rühren. Die Sahne steif schlagen und unterziehen. Die Eiweiße mit 1 Prise Salz steif schlagen, dabei den restlichen Zucker einrieseln lassen und so lange weiterschlagen, bis der Eischnee glänzt. Vorsichtig unter die Eigelbmasse ziehen.

2. Ein Drittel der Masse in eine mit Frischhaltefolie ausgelegte Form füllen, 100 ml Eierlikör darauf verteilen und diesen mit der Gabel leicht unterziehen. Darauf ein Drittel weiße Schokolade verteilen. Auf diese Weise weiterschichten, bis alle Zutaten aufgebraucht sind. Das Parfait zugedeckt etwa 4 Stunden ins Tiefkühlfach stellen.

3. Für die Crêpes die Hälfte der Butter zerlassen. In einer Schüssel das Mehl mit Milch, 3 Eiern, 1 Prise Salz, flüssiger Butter und Mineralwasser verrühren. Den Teig 30 Minuten quellen lassen. Dann portionsweise in der Pfanne zu 6 Crêpes ausbacken. Dafür etwas Butter in einer Pfanne zerlassen, 1 Schöpfkelle Teig durch Schwenken in der Pfanne verteilen und die Unterseite etwa 2 Minuten backen. Den Crêpe wenden, auf der zweiten Seite fertigbacken und auf einen Teller gleiten lassen.

4. Die übrigen Eier verquirlen. Die Mandelblättchen in eine Schüssel füllen. Auf jeden Crêpe mittig 1 Kugel Eierlikörparfait setzen und den oberen und unteren Crêpesrand darüberschlagen. Die seitlichen Teigränder mit etwas verquirltem Ei bepinseln und zur Mitte hin wie ein Päckchen zusammenfalten. Jedes Päckchen erst durch das verquirlte Ei ziehen, dann in den Mandelblättchen wenden. Nebeneinander auf eine Platte setzen und etwa 3 Stunden im Tiefkühlfach kühlen.

5. Für das Apfelragout die Äpfel schälen, vierteln, entkernen und in feine Würfel schneiden. Den Zucker in einem Topf karamellisieren. Mit Cidre und Apfelsaft ablöschen. Vanillezucker unterrühren und die Mischung bei starker Hitze 10 Minuten einkochen. Die Apfelwürfel hineingeben und 3 Minuten mitkochen. Speisestärke, Amaretto und Calvados verrühren, zum Kompott geben und nochmals aufkochen.

6. Reichlich Öl in einem weiten und hohen Topf erhitzen. Die Crêpe-Päckchen im heißen Fett 1 bis 2 Minuten ausbacken, bis die Mandelblättchen goldbraun sind. Auf Küchenpapier abtropfen lassen. Mit dem Apfelragout anrichten und sofort servieren.

Leiders liebste Lammstelzen

in Weißwein
geschmort

Zutaten für 4 Personen

8 kleine Schalotten
5 Knoblauchzehen
2 Zweige Rosmarin
1 Handvoll gemischte Kräuter
(z. B. Petersilie, Schnittlauch,
Thymian)
4 Lammstelzen (à ca. 350 g)
2 EL Olivenöl
Salz · Pfeffer aus der Mühle
200 ml Weißwein
8 Cocktailtomaten

1. Den Backofen auf 180 °C vorheizen. Die Schalotten und den Knoblauch schälen. 4 Schalotten in kleine Würfel schneiden, die restlichen halbieren. 2 Knoblauchzehen in feine Würfel schneiden, die restlichen ebenfalls halbieren.

2. Den Rosmarin und die restlichen Kräuter waschen und trocken schütteln. Die Lammstelzen waschen und trocken tupfen. Das Olivenöl in einem Bräter erhitzen und Schalotten- und Knoblauchwürfel darin andünsten. Das Fleisch dazugeben, rundum anbraten, mit Salz und Pfeffer würzen und mit dem Weißwein ablöschen.

3. Rosmarin und Kräuter mit in den Bräter geben und die Lammstelzen im Ofen auf der untersten Schiene etwa 2 1/2 Stunden garen. Dabei die Lammstelzen alle 45 Minuten wenden und mit etwas Schmorsud übergießen.

4. Die Cocktailtomaten waschen, abtropfen lassen und 10 Minuten vor Ende der Garzeit mit in den Bräter geben.

5. Den Schmorsud nach Belieben mit etwas in kaltem Wasser angerührter Speisestärke binden und mit Salz und Pfeffer abschmecken. Die Lammstelzen mit der Sauce servieren. Dazu passen am besten Spätzle und ein grüner Salat.

Oma Sophies Reistorte

mit
Knusperboden

Zutaten für 12 Stücke

Für den Tortenboden:
6 EL Mehl (Type 550)
2 EL Zucker
125 g weiche Butter

Für die Reismasse:
2 Päckchen gemahlene Gelatine
(oder 12 Blätter Gelatine)
2 Beutel Koch-Reis (à 125 g)
3 EL Zucker
400 g Sahne
2 Päckchen Sahnesteif
300 g Johannisbeeren
1–2 EL Speisestärke

Außerdem:
Fett und Mehl für die Form
Mehl für die Arbeitsfläche

1. Den Backofen auf 175 °C vorheizen. Eine Springform (28 cm Durchmesser) einfetten und mit Mehl bestäuben.

2. Für den Tortenboden alle Zutaten zu einem glatten Teig verkneten. Auf der bemehlten Arbeitsfläche dünn ausrollen und den Boden der Springform damit belegen. Den Tortenboden im Ofen auf der mittleren Schiene etwa 10 Minuten knusprig backen.

3. Für die Reismasse die gemahlene Gelatine in kaltes Wasser einrühren und quellen lassen. Den Reis nach Packungsanweisung zubereiten. Die Gelatine und den Zucker unter den noch warmen Reis rühren und abkühlen lassen.

4. Die Sahne mit dem Sahnesteif in einem hohen Rührbecher mit den Quirlen des Handrührgeräts steif schlagen. Die Schlagsahne unter die kalte Reismasse heben und die Füllung auf dem Tortenboden verteilen.

5. Die Johannisbeeren waschen, abtropfen lassen und von den Rispen streifen. Die Beeren in einem Topf einmal aufkochen lassen, die mit etwas Wasser angerührte Speisestärke unterrühren und andicken lassen. Nach Belieben noch etwas Zucker hinzufügen.

6. Die Johannisbeeren auf der Reismasse verteilen und die Reistorte vor dem Servieren noch etwa 1 Stunde kühl stellen.

Von Westfalen bis ins Bergische Land

Rund geht es in Staffel 13 von „Land und lecker". Von Ostwestfalen reisen die Landfrauen im Oldtimerbus über das Bergische Land ins Rheinland, um von hier aus über Nordwestfalen und das Ruhrgebiet den Rückweg ins Ostwestfälische anzutreten.

Vielfalt auf den Höfen: In Isselhorst stehen Molkerei-türen offen, in Windeck schützt ein Arche-Hof Tiere und in Lohmar ist Landwirtschaft viel-seitig. In Ledde liefern glück-liche Tiere Fleisch und Eier, in Kirchhellen kommt alles vom Acker und in Verl wird sogar Tierfutter produziert.

In Strothlükes Hofladen gibt es nicht nur Eier, Kartoffeln und kleine Leckereien – natürlich darf auch der veredelte Rohmilchkäse nicht fehlen. Den gibt es in zig Varianten mit Kräutern oder Gewürzen. Und wer zu spät kommt, der kauft einfach am Regiomat mit vielen Produkten des Hofs ein!

Andrea Strothlüke

Glasklares Konzept und veredelte Milch nahe Isselhorst – in der gläsernen Molkerei auf dem Milchviehbetrieb von Familie Strothlüke wird gentechnikfrei produziert.

Verkehrsgünstig zwischen Gütersloh und Bielefeld direkt an der B 61 liegt der Milchviehbetrieb, der seit über 300 Jahren Familie Strothlüke gehört. Heute leben und arbeiten Andrea und ihr Mann Dennis mit ihren drei Kindern sowie Andreas Eltern hier. Bei Bedarf helfen auch die drei Schwestern der 40-Jährigen genau dort, wo Hilfe nötig ist. Die Familie hält fest zusammen und ihr ist es sehr wichtig, die Tradition der Groß- und Urgroßeltern weiterzuführen. Komplettiert wird der Hof durch rund 150 Milchkühe, rund 80 Hühner, 80 Hektar landwirtschaftliche Fläche mit Getreide- und Maisanbau sowie 14 Hektar Wald. Die Bewirtschaftung eines so großen Hofs bedeutet viel Arbeit, dabei ist der Milchviehbetrieb einer der modernsten in der Region.

Vor einigen Jahren haben Andrea und Dennis digital aufgerüstet. Halsbänder, die die Kühe tragen, informieren Dennis über eine App zum Beispiel darüber, wann Kühe brünstig sind, und wann sie kalben. Die Technik erleichtert vieles, dennoch „grenzt die Arbeit mit dem Milchvieh zeitlich stark ein", weiß Andrea, denn es will rund um die Uhr versorgt sein. „Wir sind trotzdem sehr zufrieden mit unserem Leben", strahlt sie und man glaubt ihr aufs Wort. „Ich bin selbst schon auf diesem Bauernhof groß geworden und muss sagen, dass ich es als Kind richtig toll fand", schwärmt Andrea. Dass sie und Dennis ihren Kindern im medialen Zeitalter noch die Möglichkeit geben können, mit Tieren, Familie und viel Zeit zum Draußenspielen aufzuwachsen, macht das Paar stolz.

> **»Die Kuh, die sich rundherum wohlfühlt, gibt auch gute Milch. «**

Doch zurück zu den Tieren. „Das Schöne am Milchviehbetrieb ist, dass man die Nachzucht aufwachsen sehen kann, das schafft eine Bindung" erklärt die Landfrau. In einem offenen Laufstall können sich die Kühe frei bewegen. Beim Futter legen die Strothlükes neben Ausgewogenheit auch viel Wert auf Genfreiheit. „Die Kuh, die sich rundherum wohlfühlt, gibt natürlich auch dementsprechend gute Milch", erläutert Dennis beim Rundgang über den Hof. Einen wirklich umfassenden Einblick verschafft jedem Gast die gläserne Molkerei, in der alle Produktionsschritte hautnah miterlebbar sind. „Der Verbraucher will mittlerweile wieder wissen, wie wird's gemacht", erklärt der gelernte Elektriker, der in die Landwirtfamilie eingeheiratet hat.

Zwar sind die Milchpreise für genfrei produzierte Milch etwas besser als die für herkömmliche Milch, aber wer von der Milchviehwirtschaft leben will, muss sich heutzutage mehr einfallen lassen. So stiegen die Strothlükes vor einiger Zeit als Direktvermarkter in das Rohmilchgeschäft ein. Die Nachfrage in der Region war groß, darum wollten die Landwirte ihren Kunden noch mehr bieten. So entstand die gläserne Molkerei und heute verarbeitet Andrea die gute Milch ihrer Kühe zu verschiedenen Produkten vom Joghurt bis zu verschiedenen Käsesorten. „Die Joghurt- und Quarkveredelung ist unser Steckenpferd", berichtet die Landfrau begeistert. Wem das Konzept und die Milch schmecken, kann die verschiedenen Milchprodukte, aber auch Eier, Kartoffeln, Brotaufstriche, Essig, Pestos und noch vieles mehr im Hofladen kaufen. Und wem dessen Öffnungszeiten nicht ausreichen, der kann sich an 365 Tagen im Jahr an der Milchtankstelle und dem Regiomat mit regionalen Produkten versorgen. Auf dem Milchhof sieht man dank innovativer Ideen und Technik positiv in eine hoffentlich sichere Zukunft.

Strammes Mäxchen

mit
Trüffelbutter und buntem Salat

Zutaten für 6 Personen

Für das stramme Mäxchen:
6 mittelgroße Blätter junger
Spinat
3 Scheiben gekochter Schinken
1–2 EL Butter
6 Scheiben Baguette
25 g weiche Trüffelbutter
6 Wachteleier
Salz · Pfeffer aus der Mühle

Für den Salat:
350 g gemischter Blattsalat
(z. B. Kopfsalat, Friséesalat,
Feldsalat)
6–8 Radieschen
2 Möhren
2 Tomaten
2 Frühlingszwiebeln
2 EL Pinienkerne
80 g Bergkäse (am Stück;
z. B. Gruyère)
1 Kästchen Gartenkresse

Für das Dressing:
1 EL Honig
2 EL Aceto balsamico
1 EL scharfer Senf
1 EL Öl
125 g Naturjoghurt
Salz · Pfeffer aus der Mühle
je 1 EL Schnittlauchröllchen und
gehackte Petersilie

1. Für das stramme Mäxchen den Spinat verlesen, waschen und trocken schleudern. Die Schinkenscheiben halbieren und locker aufrollen. Die Butter in einer Pfanne zerlassen und die Baguettescheiben darin auf jeder Seite goldgelb rösten. Jede Brotscheibe mit etwas Trüffelbutter bestreichen, mit je 1 Spinatblatt belegen und je 1 Schinkenröllchen daraufsetzen.

2. Für den Salat die Salatblätter waschen, trocken schleudern und in mundgerechte Stücke zupfen. Die Radieschen putzen und waschen, die Möhren putzen und schälen, beides in feine Streifen schneiden. Die Tomaten waschen und in Achtel schneiden, dabei die Stielansätze entfernen. Alles auf Tellern anrichten.

3. Die Frühlingszwiebeln putzen, waschen und die weißen und hellgrünen Teile in feine Ringe schneiden. Die Pinienkerne in einer Pfanne ohne Fett anrösten und beiseitestellen. Den Bergkäse auf der Küchenreibe hobeln oder in dünne Scheiben schneiden. Die Kresse vom Beet schneiden. Für das Dressing alle Zutaten in ein Schraubglas füllen, gut verschließen und ordentlich schütteln.

4. Eine beschichtete Pfanne ohne Fett erhitzen. Die Wachteleier vorsichtig mit einem Sägemesser aufritzen und in der Pfanne bei schwacher Hitze zu Spiegeleiern braten. Die Spiegeleier auf die Brote verteilen und mit Salz und Pfeffer würzen.

5. Das Dressing gleichmäßig über dem Salat verteilen und die Pinienkerne, den geriebenen Käse, die Frühlingszwiebeln und die Kresse darüberstreuen. Das stramme Mäxchen mit dem Salat servieren.

Erst vakuumiert garen, dann anbraten ist mein Geheimrezept für saftiges, rosa gegartes Filet!

Mein Tipp

So klangvoll die Beilage, so fein ist sie auch. Der Name der Macaire-Kartoffeln geht auf die fiktive Figur Robert Macaire aus einem französischen Melodram zurück. Die Kartoffeln lassen sich gut vorbereiten und passen zu Fleisch-, Wild- und Grillgerichten.

Rinderfilet

mit Speckbohnen,
Macaire-Kartoffeln und Sauce béarnaise

Zutaten für 6 Personen

Für die Kräuterbutter:
1/2 Knoblauchzehe
1 EL Schnittlauchröllchen
1 EL gehackte Petersilie
250 g weiche Butter
Salz · Pfeffer aus der Mühle

Für das Rinderfilet:
1 1/2 kg Rinderfilet (vom Metzger vakuumieren lassen)
Salz · Pfeffer aus der Mühle
1 EL Öl

Für die Speckbohnen:
750 g grüne Bohnen · Salz
12 Scheiben Räucherspeck

Für die Macaire-Kartoffeln:
750 g mehligkochende Kartoffeln
Salz
3 Zwiebeln
6 EL Speckwürfel
6 EL gehackte Petersilie
3 Eigelb
3 EL Grieß
frisch geriebene Muskatnuss
Mehl für die Arbeitsfläche
2 EL Öl

Für die Sauce béarnaise:
300 g Butter
4 Eigelb
2 EL Zitronensaft
2 EL gehackter Estragon
2 EL Dijon-Senf
Salz
2 TL Zucker
2 EL Crème fraîche
Pfeffer aus der Mühle

1. Für die Kräuterbutter den Knoblauch schälen, in feine Würfel schneiden und mit den Kräutern unter die Butter mischen. Die Buttermasse mit Salz und Pfeffer würzen, in einen Spritzbeutel mit Sterntülle füllen und kleine Rosetten auf einen Bogen Backpapier spritzen. Bis zum Servieren kühl stellen.

2. Für das Rinderfilet das vakuumierte Fleisch im Backofen bei Niedrigartemperatur (55 °C) mindestens 2 Stunden garen. (Es kann aber bis zu 24 Stunden im Backofen verbleiben.)

3. Für die Speckbohnen die Bohnen putzen, waschen und in kochendem Salzwasser 4 Minuten blanchieren. In ein Sieb abgießen, kalt abschrecken und abtropfen lassen, damit sie nicht weitergaren. Die Speckscheiben auf der Arbeitsfläche ausbreiten und die Bohnen darin einrollen.

4. Für die Macaire-Kartoffeln die Kartoffeln mit der Schale gründlich waschen und in Salzwasser etwa 20 Minuten weich garen. Die Kartoffeln abgießen, ausdampfen lassen und möglichst heiß pellen. Die Zwiebeln schälen und in feine Würfel schneiden. Zwiebel- und Speckwürfel in einer Pfanne anbraten, die Petersilie hinzufügen und kurz mitdünsten.

5. Die noch lauwarmen Kartoffeln durch die Presse in eine Schüssel drücken oder stampfen. Speckzwiebeln, Eigelbe und Grieß hinzufügen, zu einem Teig verkneten und mit Muskatnuss abschmecken. Den Kartoffelteig auf einer mit Mehl bestäubten Arbeitsfläche zu mehreren 3 bis 4 cm dicken Rollen formen. Diese in etwa 2 cm breite Scheiben schneiden und zugedeckt abkühlen lassen.

6. Für die Sauce béarnaise die Butter zerlassen. Die Eigelbe mit Zitronensaft, Estragon, Senf, etwas Salz, Zucker und Crème fraîche in einem hohen Rührbecher mit dem Stabmixer pürieren, dabei langsam die Butter dazugießen und unterrühren. Die Sauce mit Salz und Pfeffer abschmecken.

7. Die gerollten Speckbohnen in einer heißen Pfanne ohne Fett anbraten. Die Macaire-Kartoffeln in der Pfanne im Öl auf beiden Seiten knusprig anbraten. Beides auf Tellern anrichten und je 1 Rosette Kräuterbutter dazulegen. Das Rinderfilet aus der Folie nehmen und das Fleisch im heißen Öl rundum 2 Minuten anbraten. Mit Salz und Pfeffer würzen, in Scheiben schneiden, auf Teller verteilen und mit der Sauce béarnaise servieren.

*Für den feinen Fruchtspiegel
eignen sich auch Erdbeeren,
Kirschen oder Brombeeren*

Schokotarte

mit
Joghurtwölkchen

Zutaten für 4 Personen

Für die Joghurtwölkchen:
500 g Naturjoghurt (3,5 % Fett)
120 g Zucker
1 Päckchen Vanillezucker
1 1/2 Spritzer Zitronensaft
400 g Sahne

Für die Schokotarte:
Fett für die Form
200 g Butter
300 g Zartbitterschokolade
2 EL Kakaopulver
2 EL Speisestärke
1/2 TL Backpulver
4 Eier
1 Päckchen Vanillezucker
100 g Puderzucker
Salz
Puderzucker zum Bestäuben
150 g Himbeeren

Außerdem:
Himbeeren und Heidelbeeren
zum Garnieren

1. Für die Joghurtwolke am Vortag Joghurt, Zucker, Vanillezucker und Zitronensaft verrühren. Die Sahne steif schlagen und unter die Joghurtmasse heben.

2. Ein Küchensieb mit einem sauberen Geschirrtuch auslegen und in eine größere Schüssel stellen. Je 1 Suppenkelle der Joghurtmasse in das Tuch füllen, die Tuchenden zusammenschlagen, kräftig zubinden und abtropfen lassen. Den Vorgang sechsmal wiederholen, dann die trockene Joghurtmasse über Nacht kühl stellen.

3. Am nächsten Tag für die Tarte eine Spring- oder Tarteform (28 cm Durchmesser) einfetten. Den Backofen auf 175 °C vorheizen. Butter und 200 g Zartbitterschokolade in einem Topf unter ständigem Rühren schmelzen und abkühlen lassen. In einer Schüssel Kakaopulver, Speisestärke und Backpulver mischen.

4. Die Eier mit Vanillezucker, Puderzucker und 1 Prise Salz hellcremig schlagen. Die Schokoladen-Buttermasse dazugießen und vorsichtig mit dem Kochlöffel unterheben. Die restliche gehackte Schokolade und die Kakao-Stärke-Mischung unterrühren. Den Teig in der Form glatt streichen und auf der mittleren Schiene 20 bis 25 Minuten backen. Herausnehmen und vor dem Stürzen etwas abkühlen lassen.

5. Die Tarte aus der Form stürzen und mit einem Plätzchenausstecher Kreise ausstechen. Die noch warme Schokotarte auf Dessertteller anrichten und mit Puderzucker bestäuben.

6. Die Himbeeren verlesen, waschen, trocken tupfen und in einem hohen Rührbecher mit dem Stabmixer pürieren. Nach Belieben mit Puderzucker süßen und das Püree durch ein feines Sieb streichen.

7. Das Fruchtpüree als Spiegel neben der Schokotarte auf die Teller gießen. Die Joghurtmasse aus dem Tuch stürzen, portionieren und auf dem Fruchtspiegel anrichten. Nach Belieben mit Himbeeren und Heidelbeeren garnieren.

Quark-Streusel-Kuchen

mit Obst
à la Andrea

Zutaten für 1 Blech

Für den Teig:
250 g Butter
250 g Zucker
1 Päckchen Vanillezucker
1 Ei
Salz
1 Päckchen Backpulver
500 g Mehl

Für den Belag:
1 kg Speisequark (20 % Fett)
200 g Zucker
1 Päckchen Vanillezucker
Saft von 1/2 Zitrone
ca. 750 g Obst der Saison
(z. B. Äpfel, Himbeeren, Pfirsiche,
Rhabarber, Kirschen)

1. Den Backofen auf 175 °C vorheizen und ein Backblech mit Backpapier belegen.

2. Für den Teig die Butter zerlassen und etwas abkühlen lassen. In einer Rührschüssel Zucker, Vanillezucker, Ei, 1 Prise Salz, Backpulver und Mehl vermischen. Die flüssige Butter darübergießen und den Teig von Hand zu Streuseln verarbeiten. Ein Viertel der Teigstreusel beiseitestellen, den restlichen Teig gleichmäßig auf dem Blech verteilen und etwas andrücken, dabei einen kleinen Rand hochziehen.

3. Für den Belag Quark, Zucker, Vanillezucker und Zitronensaft in einer Rührschüssel mit den Quirlen des Handrührgeräts glatt rühren und gleichmäßig auf dem Teig verstreichen.

4. Das Obst je nach Sorte waschen bzw. schälen, bei Bedarf entsteinen bzw. entkernen und ggf. in mundgerechte Stücke schneiden. Auf der Quarkmasse verteilen und die restlichen Streusel darüberstreuen.

5. Den Kuchen im Ofen auf der mittleren Schiene 30 bis 35 Minuten backen. Herausnehmen, abkühlen lassen und nach Belieben mit Puderzucker bestäubt servieren.

Mein Tipp:
Zur Winterzeit gebe ich zu den beiseitegestellten Streuseln gerne noch etwas Zimtpulver. Je nach Geschmack 1/2 bis 1 TL.

Schnelle Brötchen

mit
geriebenem Käse

Zutaten für 6–8 Stück

1 Päckchen Trockenhefe
375 g Mehl
1 TL Salz
1 TL Zucker
200 g geriebener Gouda
1 Eigelb
1 EL Milch

1. Hefe, Mehl, Salz, Zucker, 1/4 l lauwarmes Wasser und 50 g geriebenem Käse in einer Rührschüssel mit den Knethaken des Handrührgeräts zu einem glatten Hefeteig verkneten.

2. Ein Backblech mit Backpapier belegen. Aus dem fertigem Teig 6 bis 8 etwa golfballgroße Brötchen formen und auf das Blech legen.

3. Das Eigelb verquirlen und die Milch unterrühren. Die Käsebrötchen mit der Eiermilch bestreichen, mit dem restlichem Gouda bestreuen und 30 Minuten bei Zimmertemperatur gehen lassen.

4. Den Backofen auf 200 °C vorheizen und die Brötchen im Ofen auf der mittleren Schiene etwa 20 Minuten backen.

Mein Tipp:
Damit die Brötchen schön locker werden, den Hefeteig auf der leicht bemehlten Arbeitsfläche ausrollen, eine Hälfte mit etwas zerlassener Butter bestreichen und die zweite Teighälfte darüberfalten. Den Teig erneut ausrollen, nochmals falten und ausrollen. Eine Teighälfte mit etwas Käse bestreuen und den Teig wie zuvor zweimal falten und ausrollen. Diesen Vorgang im Wechsel dreimal wiederholen, bis die restliche Butter (insgesamt 50 g) und insgesamt 100 g Käse untergearbeitet sind. Das ist etwas aufwendiger, aber es lohnt sich!

Sie ist Softwareentwicklerin, Hauswirtschaftsmeisterin und Landwirtin und wirkt auf einem fast reinen Selbstversorgerhof – Lisa führt ein Leben, in dem sich schon viele ihrer Träume erfüllt haben. Auch bedrohte Tierrassen wie die Bentheimer Schafe bekommen von diesem Glück etwas ab.

Lisa Anschütz

Eine Heimat für bedrohte Nutztierrassen im Bergischen Land:
Auf dem Arche-Hof Windeck werden Tierschätze gehütet
und alte bäuerliche Traditionen gepflegt.

Vom Aussterben bedrohte Haus- beziehungsweise Nutztierrassen zu erhalten, ihnen dabei ein artgerechtes Leben zu ermöglichen, sie zu züchten und zu verwerten, das ist die Leidenschaft von Lisa Anschütz. Dieser Passion geht sie mit ihrem Mann Karl-Josef Groß auf dem Arche-Hof in Windeck nach. Karl ist hier geboren, mit ihm hat Lisa dem ehemaligen Milchviehbetrieb den neuen Sinn gegeben. Denn in der Tat reicht die Hofgröße von insgesamt 40 Hektar Land heute nicht mehr aus, um bei „moderner" Landwirtschaft mithalten zu können, zumal das Paar den Betrieb nur im Nebenerwerb führt. Das alles klingt nach viel Arbeit, aber „es macht Spaß, wir sind ja nicht gezwungen, das zu machen. Wir müssen ja nicht davon leben", erklärt Karl. Motor für die viele Energie, die beide für Job und Hof täglich aufbringen, ist die Liebe zu dem, was sie tun. Das Paar genießt sein Leben im abgeschiedenen Windeck. Karl sagt, er hole sich die Welt nach Hause, in Urlaub zu fahren, brauche er nicht. Wenn er Ruhe und Erholung nötig hat, geht der 60-Jährige in seine Wiesen und beobachtet das Treiben seiner Rinder und Schafe – das ist Erholung genug. Und Lisa findet neben Job und Hoftrubel tatsächlich noch Zeit für ihr ganz großes Hobby, die Handarbeit. Sie bekommt leuchtende Augen, wenn sie ihre eigene Wolle spinnt, strickt und Decken, Kissen, Westen und anderes daraus herstellt. Mit einem Pullunder aus selbst gesponnener Wolle ihrer Schafe hat die gelernte Softwareentwicklerin und Hauswirtschaftsmeisterin in Anerkennung ihrer Arbeit sogar schon einen Preis gewonnen.

Um anerkannter Arche-Hof zu werden, muss man mindestens zwei große und eine kleine Tierrasse – also zum Beispiel Rinder und Schafe sowie Hühner oder Hunde –, die auf der Roten Liste der vom Aussterben bedrohten Nutztierrassen des GEH stehen, züchten. GEH ist die Abkürzung für die „Gesellschaft zur Erhaltung alter und gefährdeter Haustierrassen e. V.". Lisa und Karl haben sich für Krüper-Hühner, Glanrinder und Bentheimer Schafe entschieden, die samt Nachwuchs auf Hof und Weiden leben. Steinige Böden und hohe Niederschläge des Windecker Landes lassen nur extensive Weidewirtschaft zu. Kühe und Schafe werden hier als Naturschützer und Landschaftspfleger eingesetzt und verbringen einen Großteil des Jahres draußen in der Natur. Nur in der kalten Jahreszeit geht es in die Ställe, hier werden die Tiere ausschließlich mit Heu, Silage und Getreide aus eigenem Anbau gefüttert. Mist und Gülle, die dabei im Winter anfallen, werden im Frühjahr als Dünger auf den Weiden verteilt – auf dem Arche-Hof bildet alles wie in früheren Zeiten einen in sich geschlossenen Kreislauf. „Was mich so fasziniert, ist, dass man mit den eigenen Händen etwas erzeugen kann, wovon man leben kann. Man hat die Produktionsmittel in der Hand", schwärmt die 56-Jährige.

Das Motto des Paars lautet: Du bist, was du isst. Lisa und Karl produzieren die meisten ihrer Lebensmittel selbst. Neben Fleisch der Kühe und Schafe gibt es frische Eier und im Gemüsegarten unter anderem Erbsen, Bohnen, Salate, Zuckerhut, Möhren, Rote Bete und Mangold. Ein großes Kartoffelfeld ist ausschließlich für den Eigenbedarf da, auf den Weiden stehen alte Obstbäume. Kein Lebensmittel wird verschwendet, alles wird verwertet. „Erhalten durch Aufessen" lautet das Motto der GEH für die wirtschaftliche Nutzung traditioneller Tierrassen – genau so wird es auf dem Arche-Hof gelebt. Was die Familie nicht selbst verzehrt, wird direkt ab Hof verkauft. Es gibt Hofschlachtungen im zertifizierten Schlachthaus und eine Hofbäckerei. Alle zwei Wochen kommt der Bäcker und backt im Backes Schwarz- und Graubrot. Außerdem gibt es Lamm- und Schafsfelle und eine vielfältige Palette von Produkten aus diesen eigenen Rohstoffen.

Zunge in Blätterteig

mit
Kräutermayonnaise

Zutaten für 4 Personen

Für die Zunge:
1 Rinderzunge (ca. 1 1/2 kg)
1 Bund Suppengemüse
2 Rollen Blätterteig (à 275 g;
Fertigprodukt; aus dem
Kühlregal)
1 Eigelb

Für die Kräutermayonnaise:
1 Bund gemischte Kräuter (z. B.
Petersilie, Kerbel, Minze, Sauer-
ampfer)
4 zimmerwarme, sehr frische
Eigelb
1 EL zimmerwarmer
mittelscharfer Senf
Salz · Pfeffer aus der Mühle
250 ml zimmerwarmes Olivenöl

1. Für die Zunge die Rinderzunge in einem Topf mit Wasser bedecken und 2 Stunden wässern.

2. Dann das Suppengemüse putzen, je nach Sorte waschen und schälen und in kleine Würfel schneiden. Mit in den Topf geben, aufkochen und die Zunge bei mittlerer Hitze etwa 2 Stunden garen. Die Zunge aus dem Sud nehmen, die Haut abziehen und das Fleisch in 1 bis 2 cm dicke Scheiben schneiden.

3. Den Backofen auf 200 °C vorheizen. Den Blätterteig auf der Arbeitsfläche ausrollen und so zuschneiden, dass je 1 Fleischscheibe rundum von Teig bedeckt ist. Die Teigenden an den Seiten gut festdrücken. Das Eigelb verquirlen, die Teigtaschen damit bestreichen und im Ofen auf der mittleren Schiene 20 Minuten backen.

4. Für die Kräutermayonnaise die Kräuter waschen, trocken schütteln und die Blätter klein hacken. Die Eigelbe mit dem Senf und etwas Salz und Pfeffer mit der Schlagscheibe des Stabmixers mischen. Nach und nach das Olivenöl in dünnem Strahl dazugießen, dabei immer weiterschlagen. Die Konsistenz der Mayonnaise soll dabei immer fester werden. Die Kräuter unter die fertige Mayonnaise rühren und bis zum Servieren kühl stellen. Die Mayonnaise innerhalb von zwei Tagen verbrauchen.

5. Die Rinderzunge mit der Kräutermayonnaise anrichten. Sie schmeckt sowohl warm als auch kalt.

Rinderbäckchen

mit Gemüse der Saison
und Kartoffelpüree

Zutaten für 4 Personen

Für die Rinderbäckchen:
300 g Suppengemüse
1 Zwiebel
6 EL Butterschmalz
1 kg Rinderbäckchen
1 EL Zucker
1 EL Tomatenmark
1 Lorbeerblatt
einige Wacholderbeeren und
Pfefferkörner
500 ml trockener Rotwein
100 ml Gemüsebrühe

Für das Kartoffelpüree:
800 g mehligkochende
Kartoffeln · Salz
5 EL Butter
250 ml Milch
Pfeffer aus der Mühle
frisch geriebene Muskatnuss

1. Den Backofen auf 180 °C vorheizen. Für die Rinderbäckchen das Suppengemüse putzen und je nach Sorte waschen und schälen. Die Zwiebel schälen und mit dem Gemüse in kleine Würfel schneiden.

2. In einer Pfanne 4 EL Butterschmalz erhitzen, die Rinderbäckchen darin rundum anbraten und wieder herausnehmen.

3. Zwiebel- und Gemüsewürfel in einem Bräter im restlichen Butterschmalz andünsten, Zucker und Tomatenmark unterrühren und die Gewürze dazugeben. Rotwein und Gemüsebrühe angießen, die Rinderbäckchen auf das Gemüsebett legen und zugedeckt im Ofen auf der mittleren Schiene etwa 2 Stunden garen.

4. Für das Kartoffelpüree die Kartoffeln mit der Schale waschen und in Salzwasser etwa 20 Minuten weich garen. Die Kartoffeln abgießen, ausdampfen lassen und möglichst heiß pellen. In einem Topf die Butter zerlassen und etwas Milch darin erhitzen. Die Kartoffeln durch die Kartoffelpresse mit in den Topf pressen und nach und nach die restliche Milch unterrühren. Das Kartoffelpüree mit Salz, Pfeffer und Muskatnuss würzen.

5. Am Ende der Garzeit die Bäckchen herausnehmen und das Gemüse durch ein feines Sieb in einen Topf passieren. Die Sauce aufkochen und die Flüssigkeit etwas reduzieren. Falls nötig, die Sauce mit 1 EL Mehlbutter andicken.

6. Die Rinderbäckchen mit dem Kartoffelpüree anrichten und mit der Sauce servieren.

Mein Tipp:
Die Menge der Milch und der Butter hängt stark von der Kartoffelsorte ab. Eine gute mehligkochende Kartoffel zerfällt sehr schön und nimmt viel Milch und Butter auf.

Karamell-Flammeri

mit
Himbeeren

Zutaten für 4 Personen

1 Ei
1/2 l Milch
130 g brauner Zucker
3 EL Speisestärke
Salz
1 TL Butter
250 g Himbeeren
70 g Zucker
1 Päckchen Vanillezucker

1. Das Ei trennen. Von der Milch 100 ml abnehmen und mit dem Eigelb, 3 EL braunem Zucker und der Speisestärke verrühren. Das Eiweiß mit 1 Prise Salz zu steifem Schnee schlagen und kühl stellen.

2. Für das Karamell den restlichen braunen Zucker mit der Butter in einem engen hohen Topf schmelzen, bis der Zucker flüssig ist und beginnt, nach Karamell zu duften. Die restliche Milch langsam dazugießen und einrühren. Vorsicht, das Karamell stockt zunächst und es schäumt, wenn die Milch in den Topf kommt. Die Milch unter Rühren aufkochen lassen, dann Eimilch unterrühren. Unter Rühren noch einmal zum Kochen bringen. Beiseitestellen und den Eischnee mit dem Schneebesen unterheben.

3. Den Karamell-Flammeri auf Dessertschälchen verteilen oder in eine große Schüssel füllen und vollständig abkühlen lassen.

4. 200 g Himbeeren verlesen, waschen und trocken tupfen. Die Beeren in einem kleinen Topf aufkochen, 2 EL Zucker und den Vanillezucker dazugeben und etwas einkochen lassen. Die Himbeeren durch ein feines Sieb streichen.

5. Zum Servieren das Himbeermark auf dem Karamell-Flammeri verteilen. Das Dessert mit den übrigen Himbeeren bestreuen.

Mein Tipp:
Die Bildung von Haut kann durch das Abdecken mit Frischhaltefolie oder durch stetiges Umrühren beim Erkalten verhindert werden.

Bergischer Watz

nach
Hausmannsart

Zutaten für 4 Personen

1 kg mehligkochende Kartoffeln
2 Eier
1 EL Kartoffelmehl
1–2 TL Salz
Butter für die Form

1. Die Kartoffeln schälen, waschen und auf der Küchenreibe fein reiben. Je nach Kartoffelsorte die Kartoffelraspel mithilfe eines Küchentuchs kräftig ausdrücken. Die Kartoffelraspel mit den Eiern, dem Kartoffelmehl und dem Salz zu einem Teig mischen.

2. Den Backofen auf 170 °C vorheizen. Eine Kastenform (30 cm Länge) einfetten. Den Kartoffelteig in die Form füllen, glatt streichen und im Ofen auf der untersten Schiene etwa 1 Stunde backen.

3. Der Watz ist fertig, wenn kein Teig mehr an einem hineingestochenen Holzstäbchen kleben bleibt (Stäbchenprobe). Den Watz herausnehmen und in der Form abkühlen lassen.

4. Den Watz mit „Krütchen" (Rüben-, Apfel- oder Birnenkraut) und purem Speisequark servieren oder in der herzhaften Variante mit angebratenem Speck mit Zwiebeln und Kräuterquark.

Mein Tipp:
Der Watz lässt sich am nächsten Tag bestens in Scheiben geschnitten in etwas Butter oder Öl in der Pfanne anbraten.

Kasseler

mit
Kartoffelpüree und Sauerkraut

Zutaten für 4 Personen

Für Sauerkraut und Kasseler:
1 Zwiebel
1 großer Apfel (z. B. Braeburn)
1 EL Butter
800 g Sauerkraut
(hausgemacht, siehe Tipp;
oder aus dem Fass)
100 ml trockener Weißwein
400 ml Gemüsebrühe
5 Wacholderbeeren
1 Lorbeerblatt
4 Kasseler-Koteletts (à ca. 150 g)

Für das Kartoffelpüree:
1 kg mehligkochende Kartoffeln
Salz
1/4 l Milch
1 EL Butter
frisch geriebene Muskatnuss

1. Für Sauerkraut und Kassler die Zwiebel schälen, den Apfel nach Belieben schälen und das Kerngehäuse entfernen. Beides in kleine Würfel schneiden. (Nach Belieben den Apfel nur entkernen, die Zwiebel schälen und beides im Ganzen mitgaren.) Die Butter in einem Topf erhitzen und die Zwiebel- und Apfelwürfel darin andünsten. Das Sauerkraut hinzufügen und kurz mitdünsten. Mit dem Weißwein ablöschen und die Flüssigkeit beinahe vollständig einköcheln lassen.

2. Die Brühe angießen, Wacholderbeeren und Lorbeerblatt in einem Einwegteebeutel dazugeben und die Kasseler-Koteletts auf das Sauerkraut legen. Alles zugedeckt etwa 45 Minuten garen.

3. Für das Kartoffelpüree die Kartoffeln mit der Schale waschen und in reichlich Salzwasser weich garen. Die Kartoffeln abgießen, möglichst heiß pellen und durch die Kartoffelpresse drücken.

4. Die Milch erhitzen und mit einem Kochlöffel unter die durchgepressten Kartoffeln rühren. Die Butter untermischen und das Püree mit Salz und Muskatnuss würzen. Kassler mit Püree und Sauerkraut servieren.

Mein Tipp:
Wir stampfen in der Regel nach alter Sitte im Oktober unser Sauerkraut. In einem speziellen Keramiktopf mit Wasserrille wird fein gehobelter Weißkohl Lage für Lage mit einem Holz eingestampft, bis er Wasser zieht, der Kohl wird mit etwas Salz und Wacholderbeeren gewürzt. Lage für Lage wird Kohl eingestampft, bis der Topf voll ist und das Wasser über dem Kohl steht. Man beschwert den Kohl mit speziellen Steinen und lässt der Topf etwa zwei Wochen im Warmen stehen, um die Milchsäuregärung zu starten. Danach stellt man den Topf kühler. Nach sechs Wochen kann man das erste Sauerkraut essen.

Bei den Trimborns gibt es eine große Vielfalt – aber keine Monokultur: Auch Blumen zum Selberpflücken, Streuobstwiesen für die Apfelsaftgewinnung oder Grünland für Heu und Silage gehören zu ihrer Landwirtschaft. Und natürlich bleibt noch viel Platz für die munteren Freilandgänse!

Helga Trimborn

Nachhaltige und artgerechte Landwirtschaft vor den Toren Kölns: Auf dem Bauerngut Schiefelbusch lässt sich moderne Landwirtschaft hautnah erleben.

Die Erfolgsgeschichte der Trimborns beginnt 1979 mit der Entstehung des Bauernguts Schiefelbusch in Lohmar mitten in der Natur im Bergischen Land nur etwa 20 Kilometer von Köln entfernt. Die anfänglich kleine Landwirtschaft haben Helga und Albert in einer Zeit, in der viele andere Betriebe aufgegeben haben, wie ihre vier Kinder immer weiter wachsen lassen. 1985 war die Eröffnung des Bauernlädchens. Heute sind die Kinder erwachsen und der Hof ist zu einem stattlichen Gut geworden. „Ein Bauer muss ein Gesicht haben und auch unternehmerisch mutig sein", ist ihre Devise. Zu sechst kümmert sich die Familie heute um 140 Hektar Fläche mit Grünland, Ackerbau, Waldflächen und Sonderkulturen. Auf den Feldern wachsen Kartoffeln, Erdbeeren und Spargel für die Direktvermarktung. Daneben bevölkern 60 Milchkühe samt Rinderzucht, 30 Schwäbisch-Hallische Schweine sowie Hühner in Bodenhaltung mit Auslauf und jährlich rund 1000 Freilandgänse Ställe und Weiden.

»Unsere Vielseitigkeit war immer eine Herausforderung«

Die Gänse kommen jedes Jahr im Juni als quirlige Ein-Tages-Küken an. Während der Prägungsphase, in der sich die Küken die ersten zwei Lebenstage über befinden, spricht Albert möglichst viel mit ihnen. „Es ist ganz wichtig, dass sie sich an meine Stimme gewöhnen", erklärt der 57-Jährige. „So lässt sich die Herde später gut führen und die Tiere sind ruhig." Die Hühner kommen als Junghennen auf den Hof. Ihre Ställe sind in verschiedene Zonen eingeteilt. Der Außenbereich dient nicht nur dem Auslauf, er ist auch dafür wichtig,

dass die Tiere sich an der Außenwelt orientieren können und zum Beispiel das Hell und Dunkel von Tag und Nacht sowie Temperaturschwankungen erleben. Auch auf einen gewissen Komfort müssen die Hühner nicht verzichten. So wird der Kot im Entmistungsbereich automatisch sofort aus dem Stall entfernt und die Eier rollen aus den Legenestern direkt auf Bänder. Mit anderen hofeigenen Produkten werden Eier, die nicht an den Einzelhandel gehen, im Bauernlädchen angeboten. Im angrenzenden Gutscafé können die Besucher bei regionalen Spezialitäten vom Alltag abschalten.

Neben ihrer Arbeit auf dem Hof gibt die gelernte Ökotrophologin Kurse für Zeitmanagement im Agrarbetrieb, ist Vorsitzende des Touristikvereins Bergischer Rhein-Sieg-Kreis und des Unternehmerbeirats der Landwirtschaftskammer NRW und aktiv als sachkundige Bürgerin im Kreistag. 2014 ist die 57-Jährige beim Deutschen LandFrauentag zur „Unternehmerin des Jahres" gewählt worden. Ganz schön erfolgreich – was ist ihr Rezept dafür? „Das Gesundheitsbewusstsein ändert sich, der Kunde ändert sich und auch der Bauer muss sich ändern", erklärt Helga. Zufriedenheit, Qualität und gute Beziehungen zu den Kunden sind dem Ehepaar wichtig. Vielfalt und Flexibilität – diese Devise hat sich bewährt. Heute weiß die gebürtige Siegburgerin, „das Konzept ist aufgegangen und das macht mich auch ein bisschen stolz". Immer wieder neue Wege zu gehen, sich so dem Kunden anzupassen und Transparenz wirklich zu leben, das ist das Erfolgsrezept des Bauernguts Schiefelbusch.

Manchmal ist es gar nicht so einfach, bei all dem Trubel die verschiedenen Lebensbereiche zu trennen. „Wir sind Geschäftspartner, Eltern und Ehepaar", erzählt Albert. Wenn beide davon berichten, ist zu sehen, wie ihnen auch nach so vielen Jahren immer noch ein verliebtes Lächeln über die Gesichter huscht.

Vorspeisenvariation

mit Spargel
und Wildkräutersalat

Zutaten für 6 Personen

Für die Spargelcremesuppe:
2 kg weißer Spargel
1 EL Zucker
2 TL Salz
125 g Butter
3 EL Mehl
2 Eigelb
125 g Sahne

Für den Wildkräuter-Salat:
200 g gemischte Wildkräuter
(z. B. Rucola, Kapuzinerkresse,
Löwenzahn, Sauerampfer)
100 g Olivenöl
50 g Himbeeressig
50 g Aceto balsamico
50 g Crema di Balsamico
1/2 TL Pfeffer · TL Salz
1 Prise Zucker
1 Schuss Himbeersirup

Für den Spargelsalat:
1–2 EL Honig
1 EL mittelscharfer Senf
125 ml Orangensaft
4 EL Rapsöl
2 Lachsfilets (à ca. 150 g;
ohne Haut)
2 EL Öl

1. Den Spargel schälen, dabei die Schalen aufbewahren. Für die Spargelcremesuppe die Spargelschalen in einem Topf mit gut 2 l Wasser bedecken, mit Zucker und Salz aufkochen und bei schwacher Hitze 30 Minuten köcheln lassen. Den Sud in einen zweiten Topf abgießen, dabei die Schalen entfernen.

2. Vom Spargel etwa 5 cm lange Spitzen abschneiden, die restlichen Stangen in etwa 2 cm lange Stücke schneiden. Den Spargelsud erhitzen, darin Spargelspitzen und -stücke separat etwa 8 Minuten garen, wieder herausnehmen und Spargel und Sud beiseitestellen.

3. Für die Spargelcremesuppe die Butter in einem großen Topf erhitzen und das Mehl einrühren. Etwa 1 1/2 l Spargelsud unter Rühren dazugießen und bei mittlerer Hitze etwa 10 Minuten köcheln lassen, dabei immer wieder umrühren. Die Suppe vom Herd nehmen. Die Eigelbe mit der Sahne verquirlen und die Eiersahne unter die warme Suppe rühren. Die Suppe darf nicht mehr kochen! Die beiseitegestellten Spargelstücke unterheben und kurz warm werden lassen.

4. Für den Wildkräutersalat die Wildkräuter verlesen, waschen und trocken schleudern, evtl. grobe Stiele dabei entfernen. Für das Dressing alle übrigen Zutaten mit 50 g Wasser verrühren.

5. Für den Spargelsalat in einer Schüssel Honig und Senf verrühren, Orangensaft und Rapsöl untermischen und die beiseitegestellten Spargelspitzen vorsichtig unter das Dressing heben.

6. Die Lachsfilets in etwa 2 cm breite Streifen schneiden und im Öl auf jeder Seite sanft anbraten. Den Spargelsalat auf sechs Teller verteilen und die Lachsfilets darauf anrichten. Die Wildkräuter auf Teller verteilen, mit dem Dressing beträufeln und alles zusammen mit der Spargelsuppe servieren.

Geschmorter Schweinerückenbraten

in Honig-Zitronen-Marinade
mit Spargelgemüse und grüner Sauce

Zutaten für 6 – 8 Personen

Für den Schweinerückenbraten:
5 Stiele Koriander
1 Knoblauchzehe
8 EL Rapsöl
2 EL Sojasauce
4 EL flüssiger Honig
4 EL Zitronensaft
2 EL mittelscharfer Senf
2 kg ausgelöster Schweinerücken
Salz
Buchenholzspäne zum Räuchern

Für die grüne Sauce:
je 1 kleines Bund Petersilie,
Schnittlauch, Kerbel und Kresse
je einige Stiele Borretsch,
Pimpinelle, Dill und Sauerampfer
250 g saure Sahne
1 EL Naturjoghurt · 3 EL Sahne
1 TL mittelscharfer Senf
1 EL Zitronensaft
Salz · Pfeffer aus der Mühle
1 kleine Zwiebel
2 hart gekochte Eier

Für das Spargelgemüse:
600 g weißer Spargel
600 g grüner Spargel
Salz · Zucker
2 EL Butter

Für die Kartoffeln:
1 kg Drillinge · Salz
2 EL Butter
2 EL gehackte Petersilie

1. Für die Marinade den Koriander waschen und trocken schütteln, die Blätter abzupfen und fein hacken. Den Knoblauch in feine Würfel schneiden und beides mit Öl, Sojasauce, Honig, Zitronensaft und Senf verrühren. Den Schweinerücken rundum mit der Marinade bestreichen und zugedeckt 24 Stunden ziehen lassen.

2. Am nächsten Tag das Fleisch an der Oberseite quer leicht einritzen und in jeden Spalt etwas Salz und nach Belieben Knoblauch geben. Den Smoker mit Buchenholzspänen auf 200 °C anheizen und den Schweinerücken darin erst etwa 1 1/2 Stunden garen und dann zweimal 15 Minuten räuchern.

3. Für die grüne Sauce die Kräuter waschen und trocken schütteln. Harte Stiele entfernen und die Kräuter fein hacken. Die saure Sahne, den Joghurt und die Sahne in den Küchenmixer geben, zwei Drittel der Kräuter hinzufügen und kurz pürieren. Mit dem Senf, dem Zitronensaft, Salz und Pfeffer würzig abschmecken. Die Zwiebel schälen, die Eier pellen und beides in kleine Würfel schneiden. Zusammen mit den restlichen Kräutern unter die Sauce mischen.

4. Für das Spargelgemüse den weißen Spargel schälen und die holzigen Enden abschneiden, den grünen Spargel waschen, nur im unteren Drittel schälen und ebenfalls die holzigen Enden abschneiden. Die Spargelstangen je nach Länge schräg halbieren oder dritteln.

5. Weißen und grünen Spargel getrennt, jeweils knapp mit Salzwasser bedeckt und mit je 1 Prise Zucker, bissfest garen, abgießen und dabei den Spargelsud auffangen. Kurz vor dem Servieren in der Butter anbraten und mit etwas Spargelsud ablöschen.

6. Für die Kartoffeln die Drillinge gut waschen und in kochendem Salzwasser etwa 20 Minuten weich garen. Abgießen und kurz ausdampfen lassen. Kurz vor dem Servieren in der Butter schwenken und mit der Petersilie bestreuen.

7. Das Fleisch in Scheiben schneiden und mit dem Spargelgemüse, den Drillingen und der grünen Sauce auf Tellern anrichten.

Hauchdünn, knusprig und lecker: hausgemachte Waffelröllchen!

Erdbeer-Joghurt-Parfait

mit Omas Waffelhörnchen und Minze und Melisse

Zutaten für 6 Personen

Für das Parfait:
1 Vanilleschote
500 g Erdbeeren
4 Eigelb
100 g Zucker
150 g Naturjoghurt
250 g Sahne

Für die Waffelhörnchen:
175 g Butter
2 Eier
200 g Zucker
2 Päckchen Vanillezucker
350 g Mehl

Außerdem:
Puderzucker zum Bestäuben

1. Für das Parfait die Vanilleschote längs aufschneiden und das Mark mit einem spitzen Messer herauskratzen. Die Erdbeeren waschen, putzen und mit dem Stabmixer fein pürieren. Ein Drittel vom Erdbeerpüree beiseitestellen. Die Eigelbe mit Zucker und Vanillemark in einer Rührschüssel mit den Quirlen des Handrührgeräts schaumig schlagen, bis sich der Zucker vollständig aufgelöst hat. Den Joghurt und das Erdbeerpüree unter die Eiermischung rühren.

2. Die Sahne steif schlagen und unter die Creme heben. Eine gefriertaugliche Form mit Frischhaltefolie auslegen, die Erdbeercreme einfüllen und mit dem restlichen Erdbeerpüree bedecken. Das Parfait im Tiefkühlfach mindestens 4 Stunden gefrieren lassen.

3. Für die Waffelhörnchen die Butter in einem Topf zerlassen. Eier, Zucker und Vanillezucker in einer Rührschüssel mischen, das Mehl und 1/4 l Wasser hinzufügen und alles mit den Quirlen der Küchenmaschine zu einem glatten Teig verrühren. Der Teig sollte gut vom Löffel fließen: Ist dies nicht der Fall, noch etwas mehr Wasser hinzufügen. Den Teig zugedeckt mindestens 2 Stunden ruhen lassen.

4. Ein Hörnchen-Waffeleisen nach Gebrauchsanweisung vorheizen. Den Teig portionsweise einfüllen und auf Stufe 3 backen. Die Hörnchen anschließend über einen Holzlöffel oder eine Gabel aufrollen und abkühlen lassen.

5. Zum Servieren das Parfait aus der Form stürzen und die Frischhaltefolie abziehen. Das Parfait in Scheiben schneiden, auf Desserttellern anrichten und mit etwas Puderzucker bestäuben. Mit Erdbeeren und nach Belieben mit Minze- und Melisseblättern garnieren und die Waffeln dazu reichen.

Kaninchen-Wirsing-Topf

mit Kümmel
und geräuchertem Speck

Zutaten für 4 Personen

1 Möhre
1 Knollensellerie
1 Stange Lauch
1 Knoblauchzehe
1 Tomate
2–3 Kaninchenkeulen und
2–3 Kaninchenvorderläufe
(ca. 900 g)
Salz · Pfeffer aus der Mühle
40 g geräucherter Speck
1 Zwiebel
1 Wirsing (ca. 1 kg)
1 EL Butterschmalz
125 ml Gemüsebrühe
1 TL ganzer Kümmel

1. Die Möhre und den Sellerie putzen und schälen, den Lauch putzen und waschen. Das Gemüse in grobe Stücke schneiden. Den Knoblauch schälen. Die Tomate waschen und vierteln, dabei den Stielansatz entfernen. Das Kaninchenfleisch waschen, trocken tupfen und rundum mit Salz und Pfeffer würzen.

2. Den Speck in kleine Würfel schneiden. Die Zwiebel schälen und in feine Würfel schneiden. Den Wirsing putzen, waschen und vierteln, den harten Strunk entfernen. Die Wirsingviertel in grobe Streifen schneiden.

3. Das Butterschmalz in einem großen Topf erhitzen und die Kaninchenteile darin rundum anbraten. Speck- und Zwiebelwürfel, die Möhren-, Sellerie-, Lauchstücke sowie Knoblauch und Tomate hinzufügen und kurz mitrösten. Den Wirsing auf dem Fleisch verteilen, die Brühe angießen und den Kümmel unterrühren. Das Fleisch zugedeckt bei schwacher Hitze etwa 50 Minuten schmoren.

4. Den Kaninchen-Wirsing-Eintopf mit Salz und Pfeffer abschmecken, auf Teller verteilen und servieren. Dazu passt Bauernbrot.

Eier-Apfel-Salat

mit Schinken
und Mayonnaise

Zutaten für 4 Personen

5 Eier
125 g gekochter Schinken
(in Scheiben)
350 g säuerliche Apfel
(z. B. Boskop)
100 g Salatmayonnaise
125 g Magerquark
1/2 TL Zitronensaft
Salz · Pfeffer aus der Mühle
Paprikapulver (edelsüß)
2 Tomaten
1 Zwiebel

1. Die Eier in kochendem Wasser 10 Minuten hart kochen, kalt abschrecken und pellen. Den Schinken in feine Streifen schneiden. Die Äpfel schälen und vierteln, dabei die Kerngehäuse entfernen. Die Apfelviertel in dünne Scheiben schneiden und diese jeweils zweimal quer halbieren.

2. In einer Schüssel Mayonnaise und Magerquark verrühren und mit Zitronensaft, Salz, Pfeffer und 1 Prise Paprikapulver abschmecken.

3. Die Tomaten waschen und vierteln, dabei die Stielansätze entfernen. Die Zwiebel schälen und in feine Ringe schneiden. 4 gekochte Eier auf der Eierharfe in dünne Scheiben schneiden, das restliche Ei achteln. Die Eierscheiben mit dem Schinken und den Äpfeln unter die Quarkmayonnaise heben.

4. Den Eier-Apfel-Salat auf Teller verteilen, mit den Tomatenvierteln, den Zwiebelringen und den Eierachteln garnieren.

Mein Tipp:
Den Salat nach Belieben auf einigen grünen Salatblättern (z. B. Kopfsalat, Lollo bionda oder Friséesalat) auf Tellern oder in kleinen Salatschüsseln anrichten und nach Belieben die Tomaten durch Staudensellerie oder Salatgurke ersetzen.

Die beeindruckenden Long-horn-Rinder der Bremehrs sind für die Beweidung von Naturschutzgebieten sehr gut geeignet. Aber auch unzählige andere Tiere finden auf und um den Hof Platz – von Pelika-nen bis hin hin zu den ulkigen Border-Leicester-Schafen, einer alten englischen Rasse.

Elisabeth Bremehr

Ob Longhorn-Rinderzucht, Kartoffelanbau oder Futtermittelproduktion für Zootiere: In Ostwestfalen-Lippe steht Familie Bremehr auf mehreren Standbeinen.

Die Hofstelle von Hof Bremehr wurde erstmals im Jahr 1554 erwähnt, heute leben hier Elisabeth und ihr Mann Ludger mit den zwei Söhnen. Die 51-Jährige ist Landfrau durch und durch, schließlich ist sie selbst auf einem landwirtschaftlichen Betrieb groß geworden. Seit vielen Generationen ist der Hof in Alleinlage im ostwestfälischen Verl in Familienbesitz, Ludger hat den Hof 1981 von seinen Eltern übernommen. Zu dieser Zeit war er noch ein reiner Milchviehbetrieb, den der gelernte Gärtnermeister zunächst auf ökologischen Gemüseanbau umstellte. 1982 kam der Hofladen hinzu. Das war zu einer Zeit, in der Bio-Supermärkte noch nicht wie Pilze aus dem Boden schossen und Anbau sowie Verkauf von Bio-Produkten bei uns noch in den Kinderschuhen steckten. Seitdem ist viel passiert: Nach dem Tod der Eltern krempelte der heute 56-Jährige die Ärmel hoch und wandelte den Hof in einen Betrieb mit mehreren Standbeinen um: Heute produzieren die Bremehrs hier das Fleisch verschiedener Tiere, betreiben Kartoffelanbau und stellen Spezialfutter für Wasserziergeflügel sowie Zootiere her. Zudem besitzt Vogelliebhaber Ludger eine einzigartige Wasservogelzucht.

Die positive Zuversicht und das persönliche Engagement haben sich ausgezahlt und der ehemals kleine Hofladen ist inzwischen zu „Bremehr's Bio-Markt" mit beachtlichen 400 Quadratmeter Fläche herangewachsen. Hier verkauft die Familie ihre eigenen Waren ohne großen Umweg über den Groß- oder Einzelhandel. Der Hofladen ist Elisabeths Hauptarbeitsgebiet im Betrieb. Besonders wichtig ist es ihr, dass die Tiere, deren Fleisch sie verkaufen, „from nose to tail" verarbeitet und angeboten werden, also die ganzen Tiere von der Nase bis zum Schwanz inklusive Innereien und nicht nur ihre Edelteile wie Filet, Kotelett oder Roastbeef.

Vom Fleisch zurück zu den Tieren: Neben Elchen, Alpakas und Flamingos, die als Testfresser für das Zoofutter dienen, leben auf dem Hof und den umliegenden Weiden rund 50 Longhorn-Rinder samt Nachzucht und Zuchtbullen, Wasserbüffel und zehn Schafrassen – darunter Walliser Schwarznasenschafe, Islandschafe und Border Leicester – Bentheimer Schweine, sechs Hühnerrassen wie zum Beispiel Bresse-Hühner sowie saisonabhängig Gänse und Enten. Die meisten der Tiere sind alte Rassen. „Die Wurzeln der englischen Longhorns reichen über 2000 Jahre bis in die keltische Zeit zurück", erklärt Elisabeth. Die Tiere sind mit über einer Tonne Lebendgewicht und ihren beiden mächtigen, nach vorn gewachsenen Hörnern durchaus beeindruckend. Und dabei sind sie vom Gemüt her gelassen. „Die Rasse gilt als langlebig, leichtkalbig, robust und im Fressverhalten nicht wählerisch", weiß die Landfrau zu berichten. „Damit sind sie zur Beweidung von Gebieten mit besonderen Umweltauflagen wie zum Beispiel Naturschutzgebieten hervorragend geeignet." Das Leben der Rinder auf den Weiden ohne Zufütterung führt zu einem langsameren Wachstum. „Dadurch und durch die ganzjährige Weidehaltung produzieren die Tiere besonders zartes Fleisch mit einer ausgewogenen, intramuskulären Fettmarmorierung. Darum ist das Fleisch dieser seltenen Rasse besonders zart und saftig, aromatisch und durch die eingelagerten wertvollen Omega-3-Fettsäuren auch sehr gesund", erklärt die Diplom-Ökotrophologin.

Artgerechte Tierhaltung und stressfreie Schlachtung für die ausschließlich eigene Hofvermarktung sind Familie Bremehr wichtig. Und weil Stillstand für sie nicht infrage kommt, reifen schon die nächsten Pläne. Abhängig davon, für welchen Berufsweg sich die Söhne entscheiden, denken sie über den Aufbau einer eigenen Hofmetzgerei nach.

Hier kommt der Sellerie zu neuen Ehren und findet in der Schalotten-butter den perfekten Partner

Blattsalat

mit Aprikosen-Senf-Dressing, kleinem Selleriegemüse und Schinken

Zutaten für 6 Personen

Für das Selleriegemüse:
3 Schalotten
50 g Butter
Salz
250 g Knollensellerie
Öl zum Anbraten
Pfeffer aus der Mühle
Zesten von 1/2 Bio-Zitrone

Für das Aprikosen-Senf-Dressing:
1 EL Balsamico bianco
6 EL Rapsöl
3 TL Aprikosenkonfitüre
1 TL mittelscharfer Senf

Für den Gartensalat:
200 g gemischter Blattsalat
(bevorzugt Salatherzen;
z. B. Kopfsalat, Friséesalat,
Lollo rosso)
Salz · Pfeffer aus der Mühle

Außerdem:
essbare Blüten zum Garnieren
ca. 100 g Schinken vom
Bentheimer Landschwein

1. Für das Selleriegemüse zunächst eine Schalottenbutter herstellen. Dafür die Schalotten schälen, in feine Würfel schneiden und in der Butter andünsten, ohne dass die Schalotten Farbe annehmen. Mit Salz würzen, in ein Schraubglas füllen und gut verschließen (die Schalottenbutter hält sich einige Tage im Kühlschrank).

2. Den Sellerie putzen und schälen, in 1 bis 2 mm kleine Würfel schneiden und in einem Topf in wenig Öl andünsten. Die Schalottenbutter hinzufügen und den Sellerie bei schwacher Hitze weitere 10 Minuten garen, dabei evtl. noch etwas Wasser hinzufügen. Das Gemüse vom Herd nehmen, mit Salz, Pfeffer und Zitronenzesten abschmecken.

3. Für das Dressing alle Zutaten mit 6 EL Wasser in einem hohen Rührgefäß mit dem Stabmixer fein pürieren.

4. Die Salatblätter und die essbaren Blüten waschen und trocken schütteln. Den Salat auf Teller verteilen, gleichmäßig mit Dressing beträufeln und mit den Blüten garnieren. Das Salatbouquet mit Salz und Pfeffer würzen. Das Selleriegemüse mithilfe zweier Löffel daneben anrichten und den Schinken separat dazu reichen.

Karree vom Longhorn-Rind

aus dem Holzbackofen
mit dreierlei Bohnen und Drillingen

Zutaten für 6 Personen

Für das Rinderkarree:
ca. 3,6 kg Karree vom Longhorn-Rind
50 g Akazienhonig
Pfeffer aus der Mühle
grobes Meersalz

Für die Bohnen:
140 g Pastinaken
6 Schalotten
70 g Butter
Salz · Pfeffer aus der Mühle
Zitronensaft
ca. 800 g grüne Prinzessbohnen,
gelbe Wachsbrechbohnen und
Dicke Bohnen

Für die Drillinge:
1 kg Drillinge
3 EL Salz
3 EL Öl
2 Zweige Rosmarin

1. Am Vorabend den Holzbackofen anheizen.

2. Am nächsten Tag das Rinderkarree waschen, trocken tupfen und die Oberseite mit dem Honig bestreichen, dabei die Knochen aussparen. Das Karree mit Pfeffer würzen und in einen großen Bräter legen. Etwa 150 ml Wasser dazugießen und zugedeckt im Holzbackofen etwa 2 1/2 Stunden garen, bis das Fleisch eine Kerntemperatur von 58 °C hat. Währenddessen immer wieder mit dem Bratenfond übergießen. Das Fleisch aus dem Backofen nehmen und leicht mit Meersalz würzen.

3. Für die Bohnen zunächst eine Pastinaken-Schalotten-Butter herstellen. Dafür die Pastinaken und die Schalotten schälen und beides in feine Würfel schneiden. Pastinaken und Schalotten in der Butter andünsten, ohne dass sie Farbe annehmen. Die Butter mit Salz, Pfeffer und etwas Zitronensaft würzen, in ein Schraubglas füllen und gut verschließen (die Pastinaken-Schalotten-Butter hält sich einige Tage im Kühlschrank).

4. Die verschiedenen Bohnen putzen und waschen, Dicke Bohnen aus der Schale drücken. Jede Sorte separat in kochendem Salzwasser 2 Minuten blanchieren, in ein Sieb abgießen, kalt abschrecken und abtropfen lassen.

5. Den Backofen auf 180 °C vorheizen. Für die Drillinge die Kartoffeln mit der Schale gründlich waschen und halbieren. In einem Bräter mit Salz und Öl mischen und mit den Schnittflächen nach unten hineinlegen. Den Bräter im Backofen auf den Boden stellen und die Drillinge darin ohne Deckel etwa 45 Minuten garen. Den Rosmarin waschen und trocken tupfen, die Nadeln abzupfen und für die letzten 10 Minuten der Garzeit über die Kartoffeln streuen.

6. Kurz vor dem Anrichten die Pastinaken-Schalotten-Butter in einem großen Topf erhitzen und die Bohnen darin 5 bis 7 Minuten schwenken und warm werden lassen. Die Bohnen nochmals mit Salz, Pfeffer und Zitronensaft abschmecken. Das Rinderkarree in Scheiben schneiden und mit Bohnen und Drillingen anrichten.

Mein Tipp:
Das Karree im Holzbackofen zuzubereiten, ist etwas ganz Besonderes. Natürlich lässt sich das Fleisch auch im haushaltsüblichen Backofen bei 120 °C mit einem Fleischthermometer bis zu einer Kerntemperatur von 58 °C garen.

Erfrischend kühl und aromatisch:
Die Minze macht's!

Joghurt-Hirse-Dessert

mit
Himbeeren

Zutaten für 6 Personen

120 g Hirse
1 EL Butter
ca. 150 ml Orangensaft
3–4 EL brauner Zucker
300 g Himbeeren (tiefgekühlt
und aufgetaut)
200 g Naturjoghurt
(mind. 10 % Fett)
Minzeblätter zum Garnieren

1. Die Hirse in einem feinen Sieb waschen und abtropfen lassen. Die Butter in einem weiten Topf erhitzen und die Hirse darin 3 bis 5 Minuten anrösten ohne, dass sie Farbe annimmt. Mit 200 ml Wasser ablöschen und aufkochen lassen. Den Topf vom Herd ziehen und die Hirse 10 Minuten quellen lassen.

2. Dann so viel Orangensaft unterrühren, bis die gewünschte Konsistenz erreicht ist. Mit 1 bis 2 EL Zucker abschmecken und abkühlen lassen.

3. Für die Himbeersauce die Himbeeren mit einem Löffel durch ein feines Sieb passieren.

4. Die Hirse mit dem Joghurt verrühren, auf Dessertgläser verteilen und mit der Himbeersauce beträufeln. Mit den Minzeblättern garnieren und bis zum Servieren kühl stellen.

Weinschaumcreme

mit
hellen Trauben

Zutaten für 4 Personen

5 Eigelb
50 g Zucker
200 ml lieblicher Weißwein
1 EL Zitronensaft
1 TL Honig
1 Msp. Pimentpulver
200 g kleine, kernlose weiße
Trauben
1 TL Puderzucker
80 ml weißer Portwein
30 g kalte Butter
1 Msp. frisch geriebene Muskat-
nuss

1. Die Eigelbe mit Zucker, Weißwein, Zitronensaft, Honig und Piment in einer Schüssel verrühren. Im Wasserbad zu einer dickschaumigen, luftigen Masse aufschlagen, wobei die Temperatur 80 °C nicht überschreiten darf.

2. Die Trauben von den Stielen zupfen, waschen und abtropfen lassen. Den Puderzucker in einer Pfanne hell karamellisieren, mit Portwein ablöschen und das Karamell darin auflösen.

3. Die Trauben dazugeben, darin schwenken und kurz erwärmen. Die Pfanne vom Herd nehmen und die Butter in Flöckchen hineinrühren. Mit Muskatnuss abschmecken.

4. Die Trauben in Gläser verteilen und den Weinschaum hineinfüllen. Sofort servieren.

Gefüllte Lammkeule

mit
Blattspinat

Zutaten für 4 Personen

1 Lammkeule (ca. 1 kg;
mit Knochen)
Salz · Pfeffer aus der Mühle
750 g Blattspinat (alternativ
250 g TK-Spinat)
2 Scheiben Weißbrot
(vom Vortag)
200 g Frischkäse (oder Schafs-
käse)
1 EL getrocknete italienische
Kräuter
Butterschmalz zum Anbraten
250 ml Gemüsebrühe
250 ml trockener Rotwein
ca. 2 EL Speisestärke

1. Die Lammkeule waschen, trocken tupfen und den Knochen auslösen. Die Keule rundum mit Salz und Pfeffer einreiben.

2. Den Backofen auf 160 °C vorheizen. Den Spinat verlesen und waschen, grobe Stiele entfernen. Tropfnass in einem Topf bei schwacher Hitze zusammenfallen lassen und ausdrücken. Das Weißbrot zerbröseln. Den Spinat mit Frischkäse, Kräutern und dem Weißbrot mischen und die Keule damit füllen. Mit einer gebogenen Nadel und Küchengarn gut zunähen, damit die Füllung nicht austritt. Sie sollte in der Keule „versteckt" sein, damit sie beim Anbraten nicht verbrennt.

3. Die gefüllte Keule in einem Schmortopf (mit passendem Deckel) im Butterschmalz von allen Seiten anbraten. Mit Brühe und Rotwein ablöschen und die Lammkeule zugedeckt bei schwacher Hitze etwa 1 1/2 Stunden schmoren.

4. Am Ende der Garzeit die Lammkeule herausnehmen und tranchieren. Die Speisestärke mit wenig Wasser anrühren. Den Bratenfond durch ein feines Sieb passieren und mit der Speisestärke binden.

5. Die Lammkeule in Scheiben schneiden und die Sauce dazu reichen. Dazu passen Salzkartoffeln und Spitzkohl mit Orangen.

Die Kunden des Windmühlenhofs wissen artgerechte Haltung zu schätzen: „Unsere Schafe wachsen langsamer, weil sie auf weiten Grünflächen laufen und nur im Winter eigenes Getreide zugefüttert wird. Das merkt man an der Qualität des Fleischs und die Leute sind einfach begeistert", berichtet Ines Neyer.

Ines Neyer

Viel Platz und wenig Stress für die Tiere südwestlich von Osnabrück. Auf dem Windmühlenhof werden Umweltbewusstsein und regionale Wertschöpfung gelebt.

Der Bioland-Windmühlenhof bietet einen wunderbaren Blick über das angrenzende Tal und die Stadt Tecklenburg, genauer gesagt über den beschaulichen Ortsteil Ledde. Seit vielen Generationen ist der Hof ein Familienbetrieb. Kern und Seele des Hofs sind aktuell Ines und ihr Mann Jörg, hier leben sie mit ihren Söhnen Daniel und Jannik sowie Oma Edith. „Ohne Familie geht gar nichts", sagt Jörg bestimmt. Tierisch geht es weiter mit Schafen, darunter 150 Muttertiere samt Lämmern, insgesamt gut 20 Rindern mit sechs Mutterkühen sowie rund 500 Legehennen plus etwa 150 Hähnchen in ihren Mobilställen. 2001 haben die Neyers auf biologische Landwirtschaft umgestellt und bewirtschaften den Hof seitdem nach den Richtlinien des Bioland e. V. Diese Entscheidung brachte ihnen nicht immer nur Positives, im Gegenteil hat es das Paar einige Beharrlichkeit gekostet, ihre Ziele umzusetzen. Doch die Neyers hielten durch und stellten um. Heute werden alle selbst produzierten Waren unter dem Bioland-Siegel vermarktet. Ines weiß, was gut für ihre Tiere und für die Fleischqualität ist: gesunde Haltung, viel Platz und wenig Stress. Das ist nicht nur entscheidend für die gute Qualität, sondern „das ist eine Grundeinstellung des Lebens", ergänzt Jörg.

Kaum vorstellbar, dass die Familie das alles im Nebenerwerb stemmt. Und hier geht es ja nicht nur um die Versorgung der Tiere, der Hof will auch gepflegt und instand gehalten werden. Vater Jörg und Daniel sind zum Glück geschickte Handwerker. Sie bauen alle Hühner-Mobilheime aus recycelten Materialien wie alten Türen, Fenstern, Griffen etc. selbst. Die Wiederverwertung ist der Familie extrem wichtig – vieles Alte erhält so neues Leben. Und nur so können Neyers ein Bio-Ei zum vernünftigen Preis verkaufen. Ohne das handwerkliche Geschick, den unermüdlichen Einsatz und Jörgs Halbtagsjob als Groß- und Außenhandelskaufmann für Autoteile wäre der Hof nicht

tragfähig. „Wir sind ein kleiner Rinderbetrieb. Es geht nur darum, so viel Rindfleisch zu produzieren, wie wir selbst vermarkten können. Wir im kleinen Ledde können nicht für den Weltmarkt produzieren", erläutert der 51-Jährige lachend. „Besonders stolz sind wir auf unser Lammfleisch, weil es in dieser Region wenig davon gibt", ergänzt Ines. Im Hofladen finden Käufer alles in feinster Qualität: Eier, Geflügel-, Lamm- und Rindfleisch, Obst, eigenen Apfelsaft, frisch gebackenes Brot und Brötchen sowie Wollprodukte von den hauseigenen Schafen. Was an Obst nicht von den umliegenden Streuobstwiesen stammt, liefert ein Bio-Bauer-Großmarkt zusammen mit dem Gemüse, Gebackenes bringt ein niedersächsischer Bio-Bäcker.

Mit der hervorragenden Fleischqualität ihrer Produkte und der besonders artgerechten Haltung haben sich die Neyers bereits einen Namen gemacht. Und der Verkauf ihrer eigenen Produkte ist für die Familie ein wichtiger Schritt in Richtung Nachhaltigkeit. Neben artgerechter Tierhaltung und nachhaltigem Wirtschaften sind der Erhalt der Artenvielfalt ebenso wie der Schutz von Boden und Grundwasser ein Herzensanliegen der Neyers. Die Hecken rund um die erwähnten Streuobstwiesen begrenzen nicht nur die Landschaft, sondern haben eine noch viel wichtigere Funktion: Sie bieten Schutz und Unterschlupf für viele teils sehr seltene Vögel und kleine Tiere. Steinkauze und Schleiereulen in Nachbarschaft zu Turmfalken sind hier heimisch geworden, genauso wie Grün- und Buntspecht neben verschiedensten Singvögeln.

Der größte Wunsch der Familie ist es, ausschließlich vom Hof leben zu können. Bei so viel Herzlichkeit und ernsthaft gelebter Überzeugung wünscht man ihr, dass dieser Traum in Erfüllung geht. Und da der Hof gut wächst, könnte die Zukunftsmusik hoffentlich bald schon Realität werden.

Unser Familien-Hofgewürz aus Meersalz, Paprikapulver, Kräuter und
Gewürzen ist ideal für Geflügel

Gartensalat

mit
gegrilltem Hähnchen

Zutaten für 6 Personen

Für das Hähnchen:
4 Hähnchenschenkel
(à ca. 150 g; mit Haut)
1 Hähnchenbrustfilet (300 g)
2 EL Olivenöl
2 TL Hofgewürz

Für den Salat:
ca. 400 g roter und grüner
Eichblattsalat
1 Bund Kräuter der Saison
(z. B. Petersilie, Dill, Basilikum)
1 EL Naturjoghurt
2 EL Balsamico bianco
1 EL Zucker
Salz · Pfeffer aus der Mühle
Paprikapulver (edelsüß)

Außerdem:
essbare Blüten und geröstete
Leinsamen zum Garnieren

1. Den Grill anheizen. Die Hähnchenschenkel und das Hähnchenbrustfilet waschen und trocken tupfen. Das Olivenöl mit der Gewürzmischung verrühren und die Hähnchenschenkel und das Filet rundum damit bepinseln. Das Fleisch in eine Alugrillschale legen und bei indirekter Hitze 15 bis 20 Minuten grillen, dabei regelmäßig wenden.

2. Für den Gartensalat den Eichblattsalat putzen, waschen, trocken schleudern und in mundgerechte Stücke zupfen. Die Kräuter waschen und trocken schütteln, die Blätter abzupfen und fein hacken. Salatblätter und Kräuter in einer Schüssel mischen.

3. Für das Dressing Joghurt mit Essig und Zucker verrühren und mit Salz, Pfeffer und 1 Prise Paprikapulver würzen. Den Salat mit dem Dressing mischen und auf Tellern anrichten.

4. Das Hähnchen in Scheiben schneiden und auf dem Salat verteilen. Den Salat mit essbaren Blüten und Leinsamen bestreut servieren.

Alles, was der Garten im Sommer
hergibt, landet im feinen
Schmorgemüse

Lammkotelett und Lammburger

mit Kartoffel-Käse-Muffins
und Schmorgemüse

Zutaten für 6 Personen

Für die Kartoffel-Käse-Muffins:
Butter für die Form
ca. 750 g vorwiegend
festkochende Kartoffeln
ca. 250 g würziger Käse
(am Stück; z. B. alter Gouda)
3–4 Eier
1 TL Speisestärke
1 TL Salz
getrockneter Rosmarin

Für das Schmorgemüse:
je 1 rote und gelbe Paprikaschote
1 Aubergine
1 Zucchini
2 Zwiebeln
1 Bund gemischte Kräuter
(z. B. Petersilie, Oregano,
Rosmarin)
2 EL Olivenöl
Salz

Für das Fleisch:
80 g Schafskäse (Feta)
600 g Lammhackfleisch
Salz · Pfeffer aus der Mühle
6 Doppelkoteletts vom Lamm
(z. B. aus der Lende)

1. Für die Muffins den Backofen auf 180 °C vorheizen. Die 12 Mulden einer Muffinform einfetten. Die Kartoffeln schälen, waschen und auf der Küchenreibe grob raspeln. Den Käse grob reiben und mit Kartoffelraspeln, Eiern, Stärke, Salz und Rosmarin mischen. Den Kartoffelteig zwei Drittel hoch in die Mulden füllen und die Muffins im Ofen auf der mittleren Schiene etwa 30 bis 40 Minuten backen.

2. Für das Schmorgemüse die Paprikaschoten längs halbieren, entkernen und waschen. Aubergine und Zucchini waschen. Die Zwiebeln schälen und alle Gemüse in kleine Würfel schneiden. Die Kräuter waschen und trocken schütteln, die Blättchen bzw. Nadeln abzupfen und klein hacken.

3. Olivenöl in einer großen Pfanne erhitzen und die Zwiebeln darin andünsten. Das übrige Gemüse hinzufügen und mitdünsten. Zugedeckt etwa 20 Minuten schmoren und mit Salz und den Kräutern würzen.

4. Für das Fleisch den Grill anheizen. Den Schafskäse in kleine Würfel schneiden. Das Hackfleisch in einer Schüssel mit Salz und Pfeffer würzen, mit angefeuchteten Händen zu Burgern formen und dabei jeweils einige Schafskäsewürfel einarbeiten.

5. Die Lammkoteletts und die Burger erst direkt 3 Minuten grillen, dann bei indirekter Hitze etwa 10 Minuten grillen. Dann die Lammkoteletts mit Salz und Pfeffer würzen.

6. Das Schmorgemüse auf Teller verteilen. Je 1 Kartoffel-Käse-Muffin dazugeben und mit Lammkotelett und Burger servieren.

Gezuckerte Johannisbeerrispen sind
eine gelungene Dekoration

Welfenspeise

mit
Zitroneneis

Zutaten für 6 Personen

Für die Vanillecreme:
1/2 l Milch
1 Vanilleschote
1 Prise Salz
3 EL Zucker
3 EL Speisestärke
2 Eier

Für die Weinschaumcreme:
4 EL Zucker
Saft von 1 Zitrone
1/8 l Wein
1 1/2 TL Speisestärke

Für das Zitroneneis:
4 Eigelb
150 g Rübenzucker
Saft von 1 Zitrone
500 g Sahne
4 Eiweiß

1. Für die Vanillecreme 5 EL von der Milch abnehmen. Die Vanilleschote längs halbieren und mit der restlichen Milch in einem Topf zum Kochen bringen, Salz und Zucker hineinrühren. Die Stärke in der kalten Milch glatt rühren, unter die Vanillemilch rühren und aufkochen lassen. Die Vanilleschote entfernen. Die Eier trennen und die Eigelbe für den Weinschaum beiseitestellen. Die Eiweiße zu steifem Schnee schlagen und unter die noch heiße Creme ziehen. Die Creme auf Dessertgläser (à 150 bis 200 ml Inhalt) verteilen und kühl stellen.

2. Für die Weinschaumcreme die beiseitegestellten Eigelbe mit 125 ml Wasser und den übrigen Zutaten im heißen Wasserbad mit dem Schneebesen oder den Quirlen des Handrührgeräts cremig aufschlagen. Die Weinschaumcreme auf der Vanillecreme verteilen und die Welfenspeise kühl stellen.

3. Für das Zitroneneis Eigelbe, Rübenzucker und Zitronensaft verrühren. Sahne und Eiweiße jeweils steif schlagen und nacheinander unter die Eigelbmasse heben. Die Zitroneneismasse in einer gefrierfesten Form etwa 3 cm hoch glatt verstreichen und im Tiefkühlfach fest werden lassen. Alternativ in eine flache gefrierfeste Form füllen und im Tiefkühlfach 2 bis 3 Stunden gefrieren lassen. Dabei alle 30 Minuten durchrühren, damit sich keine größeren Eiskristalle bilden, und wieder glatt verstreichen.

4. Kurz vor dem Servieren das Zitroneneis mit einer Schäfchenausstechform ausstechen und mit der Welfenspeise anrichten. Nach Belieben mit Zitronenscheiben und Roten Johannisbeeren garnieren.

Süße Kürbismuffins

mit
Aprikosen

Zutaten für 6 Personen

Fett und Mehl für die Form oder
6 Papierförmchen
380 g Kürbisfruchtfleisch
100 g getrocknete Aprikosen
180 g Mehl
2 TL Backpulver
150 g Puderzucker
2 TL Zimtpulver
1 Päckchen Vanillezucker
Salz
3 Eier
160 g weiche Butter
150 g gehackte Mandeln
150 g Aprikosenkonfitüre

1. Den Backofen auf 180 °C vorheizen. Die sechs Mulden einer Muffin-form einfetten und mit Mehl bestäuben oder Papierförmchen hinein-setzen.

2. Das Kürbisfleisch und die getrockneten Aprikosen in kleine Würfel schneiden. Das Mehl mit Backpulver, Puderzucker, Zimtpulver, Vanille-zucker und 1 Prise Salz in einer Schüssel mischen und Eier und Butter unterrühren. Kürbis, Aprikosen und Mandeln hinzufügen und alles zu einem glatten Teig verarbeiten.

3. Den Teig maximal drei Viertel hoch in die Mulden der Form füllen und die Muffins im Ofen auf der mittleren Schiene 30 Minuten backen.

4. Die Aprikosenkonfitüre in einem kleinen Topf erwärmen. Die Muffins aus dem Ofen nehmen und noch warm mit der Konfitüre bestreichen.

Lamm-Wirsing-Eintopf

mit
Kichererbsen

Zutaten für 4–6 Personen

200 g getrocknete Kichererbsen
1 Zwiebel
2–3 Knoblauchzehen
1 kleiner Kopf Wirsing
1/2 Bund gemischte Kräuter
(Petersilie, Basilikum, Thymian)
400 g Tomaten
2 EL Olivenöl
750 g Lammfleisch
(z. B. aus der Schulter)
ca. 300 ml passierte Tomaten
Salz · Pfeffer aus der Mühle
je 1 Msp. gemahlene Nelken und
gemahlener Kardamom

1. Am Vortag die Kichererbsen über Nacht in reichlich kaltem Wasser einweichen. Am nächsten Tag die Kichererbsen in ein Sieb abgießen, kalt abbrausen und abtropfen lassen (das Einweichwasser entsorgen).

2. Die Zwiebel und den Knoblauch schälen und in feine Würfel schneiden. Den Wirsing putzen, waschen und vierteln, den harten Strunk entfernen. Den Wirsing in feine Streifen schneiden. Die Kräuter waschen und trocken schütteln, die Blätter abzupfen und fein hacken.

3. Die Tomaten kreuzweise einritzen, mit kochendem Wasser überbrühren, abschrecken und häuten. Die Tomaten in Würfel schneiden, dabei die Stielansätze entfernen.

4. Das Olivenöl erhitzen, Zwiebel und Knoblauch darin andünsten und vom Herd nehmen. Die Kichererbsen mit dem Lammfleisch in einen Topf geben, etwas kaltes Wasser hinzufügen und zum Kochen bringen. Die angedünstete Zwiebeln und den Knoblauch mit den geschälten und passierten Tomaten dazugeben, den Wirsing und die Kräuter hinzufügen und den Eintopf zugedeckt bei schwacher Hitze etwa 1 1/2 Stunden schmoren. Mit Salz, Pfeffer und den Gewürzen abschmecken. Dazu schmecken Kartoffeln.

Mein Tipp:
Wer noch zarteres Fleisch bevorzugt, verwendet statt der Lammschulter das Fleisch von einer entbeinten Lammkeule.

Frischer geht es nicht: Auf dem Hof der Maaßens können Besucher zur Erntezeit ihre Äpfel selbst pflücken! Wer sich dann im Hofladen nebenan noch mit Pflaumen, Zwiebeln und Kartoffeln versorgt, hat für das Dinnermenü und die Lieblingsrezepte von Alina schon die wichtigsten Zutaten parat.

Alina Schmittgen

Die vielleicht einzige Zwiebelschälanlage Nordrhein-Westfalens in Bottrop – am Rande des Ruhrgebiets sind Alina und ihr Mann nur zufrieden, wenn die Kunden glücklich sind.

Der Bauernhof Maaßen in Kirchhellen, hinter dem man in der Ferne die für das Ruhrgebiet typischen Industrieschornsteine aufragen sieht, ist ein Familienbetrieb in dritter Generation. Hier leben Alina Schmittgen und ihr Mann Philipp Maaßen mit den drei Kindern und Philipps Mutter Christel. Vor acht Jahren hat das Paar, das sich auf dem Hof kennengelernt hat, die Leitung übernommen, aber Christel arbeitet nach wie vor täglich mit. Auf über 100 Hektar Ackerfläche wird Kartoffel-, Zwiebel- und Obstanbau betrieben. Den Großteil macht der Zwiebelanbau auf fast 60 Hektar Land aus, die Kartoffeln liegen knapp dahinter. Auf zwei Apfelplantagen, die stolze zwölf Sorten im Angebot haben, kann der Kunde in Kirchhellen und in Gladbeck ab Ende August selbst pflücken. Dazu gibt es Birnen und Pflaumen. Einen Teil der geernteten Zwiebeln verarbeitet der 34-jährige Agrarwirt Philipp in einer eigenen Zwiebelschälanlage, die sie küchenfertig – also nicht nur geschält, sondern auch in Scheiben oder in Würfel geschnitten – für Großkunden vorbereitet.

Alle Produkte werden von der Familie selbst vermarktet, zum Beispiel über zwei Hofläden, die Alina und Philipp betreiben. Einer liegt direkt auf dem Hof, der andere ist eine Verkaufsscheune mitten im Wohngebiet. Hier befindet sich auch ein Hühnermobil mit 250 Hühnern, deren Eier man zusätzlich an einem 24-Stunden-Eierkaufautomaten bekommt. Die Palette eigener Produkte, wie zum Beispiel auch Marmelade, Apfelsaft und Honig der eigenen Bienen,

wird durch sorgfältig ausgewählte Produkte anderer Erzeuger aus der Region ergänzt. Was darüber hinaus produziert wird, geht an Großmärkte und Gastronomen in der Region. Auch soziales Engagement ist den Maaßens wichtig und insbesondere Alina eine Herzensangelegenheit. „Kinder und Schulkinder sind auf dem Hof herzlich willkommen", erzählt die 30-Jährige, darum kommen sie auch gerne und oft. Im Rahmen von pädagogischen Führungen lernen die Kinder den alltäglichen Ablauf des Betriebs kennen. „In der Saison können die Kinder mit eigenen Händen Kartoffeln beziehungsweise Äpfel ernten und die Ernte mit nach Hause nehmen", erklärt Alina weiter. Besonders stolz ist die gelernte Hauswirtschafterin auf das NRW-Schulobstprogramm. Der Hof beliefert mehrmals wöchentlich verschiedene Grund- und Förderschulen in der Region mit frischem Obst und Gemüse. In den Schulen wird das Obst von den Eltern zubereitet und den Kindern serviert. „So ist sichergestellt, dass alle Kinder regelmäßig Obst und Gemüse essen und sich somit gesund ernähren", und man merkt Alina die Zufriedenheit an, wenn sie das sagt. Die Schulen müssen das Obst nicht bezahlen, da das Projekt mit EU-Mitteln gefördert wird.

Alina und ihr Mann wissen, wie nötig es für Landwirte heutzutage ist, Trends zu folgen und Verkaufsideen auszuprobieren. Aktuell bemerken beide zunehmend den Wunsch von immer mehr jungen Familien, bewusst regional einkaufen zu wollen. Auch Onlinehandel ist ein Thema, das vor landwirtschaftlichen Betrieben nicht Halt machen wird, wenn die Landwirte mit der Zeit gehen wollen. Am liebsten würde die Familie sich irgendwann in der Zukunft losgelöst vom Großhandel auf eben diese Endverbraucher und damit die reine Direktvermarktung ihrer Produkte konzentrieren. Alina möchte den Hofladen ausbauen und hier zum Beispiel auch selbst gebackenes Brot anbieten.

»Kinder und Schulkinder
sind auf dem Hof
herzlich willkommen«

Pflaumensirup im Salatdressing bringt Süße und ganz viel Aroma

Zwiebelkuchen

mit Feldsalat
und Kaviarcreme

Zutaten für 4 Personen

Für den Hefeteig:
150 ml Milch
1/2 Würfel Hefe (21 g)
1 TL Zucker
250 g Mehl
1 TL Salz
50 g Butter

Für den Belag:
75 g geräucherter Speck
500 g Zwiebeln
50 g Butter
1 EL Mehl
2 Eier
200 g saure Sahne
100 g Sahne
Salz
etwas gemahlener Kümmel

Für den Feldsalat:
400 g Feldsalat
2 EL Weinbrandessig
2 EL Nussöl
1 TL flüssiger Honig
1 EL Pflaumensirup (oder anderer Fruchtsirup)
1 EL Naturjoghurt

Für die Kaviarcreme:
200 g Crème fraîche
Salz · Pfeffer aus der Mühle
1/2 TL Zucker
1/2 TL Zitronensaft
ca. 1 EL Forellenkaviar (oder Schnittlauchröllchen)

Außerdem:
Butter für die Form

1. Für den Hefeteig die Milch in einem Topf lauwarm erwärmen. Von der Milch 5 EL abnehmen, die Hefe zerbröseln und darin auflösen. In einer Rührschüssel Zucker und 1 EL Mehl mischen, die Hefemilch dazugießen und glatt rühren. Den Vorteig zugedeckt an einem warmen Ort 15 Minuten gehen lassen. Dann restliche Milch, restliches Mehl und Salz hinzufügen und zu einem glatten Teig verkneten. Die Butter unterkneten und den Teig zugedeckt an einem warmen Ort 30 Minuten gehen lassen.

2. Den Backofen auf 200 °C vorheizen. Eine Springform (24 cm Durchmesser) einfetten. Den Teig nochmals durchkneten und die Form damit auslegen. Für den Belag den Speck in kleine Würfel schneiden. Die Zwiebeln schälen, in feine Ringe schneiden und in der Butter dünsten. Das Mehl untermischen, Eier, saure Sahne und Sahne unterrühren und mit Salz und Kümmel würzen. Die Zwiebelmischung auf dem Teig verteilen, mit den Speckwürfeln bestreuen und im Ofen auf der mittleren Schiene 35 bis 45 Minuten backen.

3. Für den Salat den Feldsalat verlesen, waschen und trocken schleudern. Essig , Öl, Honig, Sirup und Joghurt verrühren und den Feldsalat damit marinieren.

4. Für die Kaviarcreme Crème fraîche, Salz, Pfeffer, Zucker und Zitronensaft verrühren. Die Creme auf Teller geben und etwas Kaviar darüber verteilen. Feldsalat daneben anrichten und mit je 1 Stück Zwiebelkuchen servieren.

Mein Tipp:
Über dem Feldsalat schmecken alternativ gebratene Speckwürfel oder geröstete Walnüsse.

Gefüllte Hähnchenrolle

mit Ofengemüse, Drillingspießen und Spinatsauce

Zutaten für 6 Personen

Für die Spieße:
1 kg Drillinge · Salz
2 Zweige Zitronen-Thymian
3 EL Olivenöl
1 TL Paprikapulver (edelsüß)

Für die Hähnchenrolle:
2 Hähnchenbrustfilets
(à ca. 300 g)
200 g junger Spinat
2 Tomaten · 500 g Mozzarella
2 EL Knoblauchöl
Salz · Pfeffer aus der Mühle
100 g Cornflakes
100 g Mehl · 4 Eier
2 EL Butterschmalz

Für die Spinatsauce:
1 1/2 kg Blattspinat
3 Knoblauchzehen
5 EL Öl · 400 g Sahne
4 EL Mehl
Salz · Pfeffer aus der Mühle
körnige Gemüsebrühe

Für das Ofengemüse:
1 Aubergine
2 kleine Zucchini
2 Möhren
je 1 rote und gelbe Paprikaschote
2 kleine rote Zwiebeln
3–4 Knoblauchzehen
300 g Cocktailtomaten
300 g Champignons
200 Schafskäse (Feta; alternativ Ziegenkäse oder Mozzarella)
Fett für die Form
Salz · Pfeffer aus der Mühle
4 EL Zitronenessig
6 EL Olivenöl

1. Am Vortag die Kartoffeln mit der Schale gründlich waschen und in Salzwasser etwa 20 Minuten weich garen. Die Kartoffeln abgießen, ausdampfen lassen und möglichst heiß pellen. Den Thymian waschen, trocken tupfen und die Blättchen abzupfen. Die Kartoffeln mit Olivenöl, Paprikapulver und Thymian mischen und über Nacht ziehen lassen.

2. Am nächsten Tag für die Hähnchenrolle die Filets waschen, trocken tupfen und halbieren. Die Hälften der Länge nach durchschneiden, zwischen Frischhaltefolie legen und plattieren. Den Spinat verlesen, waschen und trocken schleudern. Die Tomaten waschen und in Scheiben schneiden, dabei die Stielansätze entfernen. Den Mozzarella in Streifen schneiden. Das Fleisch rundum mit Knoblauchöl bestreichen und die Spinatblätter darauf verteilen. Den Backofen auf 220 °C vorheizen.

3. Jeweils die untere Hälfte der Filets mit Tomaten und Mozzarella belegen, mit Salz und Pfeffer würzen und von unten nach oben aufrollen. Die Cornflakes zerkleinern. Das Mehl und die Cornflakes jeweils in tiefe Teller geben. Die Eier in einem tiefen Teller verquirlen. Die Rollen zuerst im Mehl wenden, dann durch die verquirlten Eier ziehen und zuletzt in den Cornflakes panieren. Das Butterschmalz in einer Pfanne erhitzen und die Röllchen darin rundum anbraten. Herausnehmen und im Ofen auf der mittleren Schiene 5 Minuten fertig garen.

4. Für die Spinatsauce den Spinat verlesen, waschen und trocken schleudern, grobe Stiele entfernen. Knoblauch schälen und in feine Würfel schneiden. Das Öl in einem Topf erhitzen und den Knoblauch darin andünsten. Den Spinat tropfnass hinzufügen und zusammenfallen lassen. Mit der Sahne ablöschen und einmal aufkochen lassen. Mit dem Stabmixer fein pürieren. Das Mehl mit wenig kaltem Wasser glatt rühren, die Sauce damit andicken und einmal aufkochen lassen. Mit Salz, Pfeffer und Gemüsebrühe abschmecken.

5. Die Backofentemperatur auf 170 °C reduzieren. Für das Ofengemüse Gemüse und Pilze je nach Sorte putzen, waschen, schälen und kleinschneiden. Den Käse in Würfel schneiden. Eine Auflaufform einfetten, Gemüse, Pilze und Käse hineingeben und mit Salz und Pfeffer würzen. Essig und Olivenöl verrühren, darüber verteilen und alles im Ofen auf der mittleren Schiene 30 Minuten garen, dabei gelegentlich umrühren.

6. Den Backofengrill einschalten. Die Kartoffeln auf lange Holzspieße stecken und im Ofen 10 bis 15 Minuten grillen. Alles anrichten.

Knusperpflaumen

mit Blätterteigrosen und Vanillecremesauce

Zutaten für 6 Personen

Für die Vanillecremesauce:
1 Vanilleschote
1/2 l Milch
Salz
2 Eier
75 g Zucker
20 g Speisestärke

Für die Knusperpflaumen:
600 g Pflaumen
60 g Marzipanrohmasse
100 g brauner Zucker
45 g Mehl
30 g Haferflocken
1 TL Zimtpulver
50 g Butter
1 EL Mandelstifte

Für die Blätterteigrosen:
2 große rote Äpfel (z. B. Elstar)
1 Zitrone
2 Rollen Blätterteig (à 275 g;
aus dem Kühlregal)
50 g Aprikosenkonfitüre
etwas Puderzucker

Außerdem:
Fett für die Formen

1. Für die Vanillecremesauce die Vanilleschote längs aufschneiden. Die Milch mit 1 Prise Salz und der Vanilleschote aufkochen, vom Herd nehmen und 5 Minuten ziehen lassen.

2. Die Eier trennen. In einem Topf die Eigelbe mit dem Zucker und der Stärke glatt rühren. Nach und nach unter Rühren die Vanillemilch dazugießen, unter ständigem Rühren erhitzen und einmal aufkochen lassen. Vom Herd nehmen und die Vanilleschote entfernen. Die Eiweiße zu sehr steifem Schnee schlagen und unter die noch heiße Creme ziehen.

3. Für die Knusperpflaumen den Backofen auf 180 °C vorheizen. Die Pflaumen halbieren, entsteinen und die Hälften halb einschneiden. Das Marzipan grob raspeln und mit den restlichen Zutaten zu einem Streuselteig verarbeiten.

4. Eine Auflaufform einfetten. Die Pflaumen in die Form schlichten, die Streusel darüber verteilen und im Ofen etwa 30 Minuten backen. Herausnehmen und 5 bis 10 Minuten abkühlen lassen.

5. Für die Blätterteigrosen den Backofen auf 180 °C vorheizen. Die sechs Mulden einer Muffinform einfetten. Die Äpfel waschen, halbieren und entkernen. Das Fruchtfleisch in feine Scheiben schneiden. Die Zitrone halbieren und auspressen. Den Saft mit 1/2 l Wasser in einem Topf erhitzen, die Apfelscheiben hineingeben und weich werden lassen. Herausnehmen und auf Küchenpapier abtropfen lassen.

6. Den Blätterteig quer auf der Arbeitsplatte auslegen, in 6 gleich breite Streifen schneiden und jeweils mit Konfitüre bestreichen. Die Apfelscheiben am oberen Rand des Teigstreifens nebeneinander auslegen. Nun den Teig mittig hochklappen, sodass nur noch die oberen roten Bögen der Äpfel hervorschauen. Den Teig von der Seite her zu Rosen aufrollen.

7. Die Teigrosen in die Mulden setzen und im Ofen auf der mittleren Schiene etwa 25 Minuten backen, bis sie leicht goldbraun sind. Die Rosentörtchen auskühlen lassen und mit Puderzucker bestreuen.

Mein Tipp:

Die Knusperpflaumen schmecken auch mit Vanilleeis, -sauce oder Sahne. Statt Pflaumen kann auch jedes andere Obst wie Äpfel, Birnen, Kirschen, Aprikosen, Pfirsiche und Rhabarber verwendet werden.

Pflaumensirup

mit Salbei
oder Zimt

Zutaten für ca. 1 l

600 g Pflaumen
450 g Zucker
3 Stiele Salbei

1. Die Pflaumen waschen, halbieren, entsteinen und in Viertel schneiden. Die Pflaumenviertel in einem Topf mit 450 ml Wasser und dem Zucker mischen und zum Kochen bringen. Bei mittlerer Hitze etwa 30 Minuten köcheln lassen, dabei gelegentlich umrühren.

2. Inzwischen zwei Flaschen mit Bügel- oder Schraubverschluss in kochendem Wasser sterilisieren und kopfüber auf einem sauberen Geschirrtuch abtropfen lassen.

3. Den Salbei waschen und trocken tupfen, zu den Pflaumen in den Topf geben und weitere 15 Minuten garen. Alternativ 1 Zimtstange waschen und mitgaren.

4. Die Flüssigkeit durch ein mit einem Passiertuch ausgelegtes feines Sieb gießen und noch heiß in die Flaschen füllen. Sofort verschließen und kühl und dunkel aufbewahren.

Mein Tipp:
Auf die gleiche Weise kann man Sirup auch aus Zwetschgen, Mirabellen, Johannisbeeren und Rhabarber gewinnen. Der Sirup kann zu Eis oder Pudding gegessen werden, mit Mineralwasser zur Schorle verdünnt oder mit Sekt aufgegossen werden.

Zwiebelsuppe

mit Käsewürfeln
und Baguette

Zutaten für 4 Personen

1 kg Zwiebeln
5 EL Öl
2 EL Mehl
1 TL Zucker
Salz · Pfeffer aus der Mühle
375 ml trockener Weißwein
1 l kräftige Gemüsebrühe
1/2 Baguette
80 g Butter
80 g gewürfelter Käse
(z. B. Gouda)
1/2 TL Paprikapulver (edelsüß)

1. Die Zwiebeln schälen, halbieren und in feine Ringe schneiden oder hobeln. Das Öl in einem großen Topf erhitzen und die Zwiebeln darin andünsten, bis der Zwiebelsaft ausgetreten ist.

2. Das Mehl über die Zwiebeln stäuben, mit Zucker, Salz und Pfeffer würzen und gut untermischen. Portionsweise mit dem Wein ablöschen, mit der Brühe aufgießen und die Suppe mit halb aufgelegtem Deckel 15 Minuten köcheln lassen.

3. Inzwischen das Baguette in 8 Scheiben schneiden. Die Butter in einer beschichteten Pfanne erhitzen und die Brotscheiben darin auf beiden Seiten knusprig anbraten.

4. Den Backofengrill einschalten. Die Zwiebelsuppe in vier ofenfeste Teller füllen. Je 2 Baguettescheiben in jeden Teller legen, die Käsewürfel darüber verteilen und mit Paprikapulver bestreuen. Die Zwiebelsuppe in den Ofen stellen und den Käse unter dem Backofengrill goldbraun gratinieren. Herausholen und sofort servieren.

Von Ostwestfalen bis in die Rureifel

Den Anfang der „Land und lecker"-Tour in Staffel 14 macht das Ruhrgebiet. Weiter geht's durch das Oberbergische Land ins östlichste Ostwestfalen. Auf der Rücktour geht es durch NRWs Mitte und die Rureifel zum furiosen Finale im Sauerland.

Bunt ist's auf den Höfen: In Mühlheim wachsen Obst und Gemüse, in Hückeswagen werden Shire Horses gezüchtet, Rind und Schwein sind in Höxter zufrieden. In Viersen werden alte Apfelsorten erhalten, in Nideggen geht's in den Wildpark und in Arnsberg können Jung und Alt viel lernen.

Schon als Kind liebte Lea die Traktorfahrt mit ihrem Vater und kann sich heute noch ein Leben ohne den Familienbetrieb nicht vorstellen. Das braucht sie auch nicht, denn die gelernte Gärtnerin mit Schwerpunkt Obstbau ist auf dem Generationenhof mit 80 Hektar Land perfekt aufgehoben.

Lea Unterhansberg

Mut tut gut im Ruhrgebiet nahe der A 52. Auf dem Buchholz-Hof ist der familiäre Wohlfühlfaktor mindestens so groß wie die geteilte Verantwortung für das angebaute Obst und Gemüse.

Nunmehr in sechster Generation gibt es den Buchholz-Hof in Mülheim an der Ruhr – seine Geschichte beginnt 1848 mit einigen Kühen, Schweinen und Pferden. Ein altes Backsteingebäude von 1880 auf dem Gelände könnte Lea Unterhansberg sicherlich noch die eine oder andere Geschichte der Urgroßeltern erzählen. Lea lebt und arbeitet hier mit ihrer zwei Jahre älteren Schwester Anne, Mama Birgit, Papa Jochen, Oma Hannelore und Patentante Conny. Längere Reisen nach Neuseeland und Praktikumsaufenthalte im Alten Land gab es natürlich schon, aber wegziehen, das kommt für Familienmensch Lea genauso wenig infrage wie für ihre Schwester. „Lea ist ein Mensch, der gerne etwas anderes sieht, aber umso lieber wieder nach Hause zurückkehrt", beschreibt Birgit ihre Tochter liebevoll. Familie wird auch im Tagesablauf gelebt. So wird nicht nur gemeinsam gearbeitet, sondern auch zusammen gegessen.

»Wir treffen uns alle morgens und mittags zum gemeinsamen Essen«

Die Großeltern Unterhansberg haben im Jahr 1958 mit Legehennen und 1964 mit dem Direktverkauf ihrer Produkte begonnen. Parallel bauten sie den Vorläufer des heutigen Reitbetriebs auf. Leas Eltern haben nach Übernahme des Hofs in den 80er-Jahren dann damit begonnen, über den Status quo immer ein Stückchen hinauszudenken, um am Ball zu bleiben, und erweiterten ihn. Heute umfasst er 80 Hektar Land, die für den Anbau insbesondere von Kartoffeln, Kürbissen, Spargel, Getreide, Erdbeeren, Äpfeln sowie für 9000 Legehennen genutzt werden. Lea betreut seit Ende ihrer Ausbildung als Gärtnerin mit Schwerpunkt Obstbau Äpfel, Erdbeeren, Kartoffeln und Kürbisse. Jetzt, nach bestandener Meisterprüfung, wird sie nach und nach ihren Teil des Hofs übernehmen. Schwester Anne, mit der sich Lea schon immer sehr gut verstanden hat, führt bereits seit 2016 den Reiterbetrieb mit Pferdepension für bis zu 75 Pferde. Daneben ist sie für die Hühner verantwortlich. Alles, was sonst noch an Arbeit auf dem Hof anfällt, werden sich die beiden teilen. Die Äpfel hat Lea übrigens nach der Lehre selbst auf den Hof gebracht. Inzwischen erstrecken sich auf 1,5 Hektar Land Apfelkulturen mit 5000 Bäumen und zehn verschiedenen Sorten. Warum so viele Sorten? „Ihr Reifezeitpunkt ist versetzt, das verschafft uns etwas Entspannung bei der Ernte", erklärt die 25-Jährige. Für die nächsten Jahre plant sie eine Erweiterung der Apfelkulturen und möchte eine andere Kultur hinzunehmen, „zum Beispiel Pflaumen, Kirschen oder Himbeeren", das ist noch nicht ganz klar.

Die eigenen Produkte werden mit anderem regionalem Gemüse und Obst im großzügigen Hofladen verkauft. Zusätzlich umfasst das Angebot Säfte, Molkereiprodukte, Wurst- und Fleischwaren etc. aus der Region. Brot und Kuchen kommen von befreundeten Bäckern. Außen am Hofladen befindet sich ein Eierautomat, der den Kunden rund um die Uhr zur Verfügung steht. Hier hängen auch Fotos und man kann genau nachlesen, woher die einzelnen Lebensmittel kommen. „Transparenz ist für Erzeuger und Kunden heutzutage wichtig", davon sind Lea und ihre Familie überzeugt. Ein Highlight für Besucher und Freunde des Hofs ist das regelmäßig stattfindende große Kürbisfest im Herbst. Gefragt nach ihren Wünschen, ist Lea eher bescheiden und hofft neben der guten Weiterentwicklung des Hofs lediglich, dass das familiäre Verhältnis immer so gut bleiben möge und die Eltern stolz auf sie sein können.

Kürbissuppe

mit Crème-fraîche-Häubchen und Croûtons

Zutaten für 6 Personen

1 Hokkaidokürbis (ca. 1,2 kg)
2–3 Kartoffeln (ca. 300 g)
2 Schalotten
4 EL Öl
3/4 l Gemüsebrühe
10 g Ingwer
1/2–1 rote Chilischote
2 TL Salz
Pfeffer aus der Mühle
Saft von 1/2 Orange
4 Scheiben Toastbrot
3 EL Crème fraîche

1. Den Kürbis waschen, vierteln und die Kerne mit einem Löffel entfernen. Die Kürbisviertel in etwa 3 x 3 cm große Stücke schneiden. Die Kartoffeln schälen, waschen und in Würfel schneiden. Die Schalotten schälen und in feine Würfel schneiden.

2. In einem Topf 2 EL Öl erhitzen und Kürbis, Kartoffeln und Schalotten darin unter Rühren bei starker Hitze etwa 5 Minuten andünsten. Mit 150 ml Wasser ablöschen und die Hitze reduzieren. Die Brühe angießen.

3. Den Ingwer schälen. Die Chilischote längs halbieren, entkernen, waschen und in feine Würfel schneiden. Ingwer und Chili mit Salz und 1/2 TL Pfeffer zur Suppe geben und 10 Minuten auf mittlerer Stufe kochen, bis Kürbis und Kartoffeln weich sind. Mit dem Stabmixer fein pürieren und den Orangensaft unterrühren.

4. Für die Croûtons aus dem Toastbrot mit einer Ausstechform in Kürbisform je 2 „Kürbisse" ausstechen. Das restliche Öl in einer Pfanne erhitzen und die Toastkürbisse darin auf jeder Seite anrösten.

5. Die Kürbissuppe mit Salz und Pfeffer abschmecken, auf Suppenteller verteilen und jeweils 1 TL Crème fraîche in die Mitte geben. Je 2 Kürbis-Croûtons auf einen langen Holzspieß stecken und zur Suppe anrichten. Sofort servieren.

Schweinefilet mit Rosmarinkartoffeln

und
Auberginen-Kürbis-Gemüse

Zutaten für 6 Personen

Für das Gemüse:
2 rote Zwiebeln
2 Knoblauchzehen
10 Tomaten
1 Handvoll gemischte Kräuter
(Basilikum, Schnittlauch, Rosmarin, Petersilie)
2 EL Öl
Salz
1 TL Pfeffer aus der Mühle
1/2 TL Chilipulver
2 Auberginen
5 Ochsenherztomaten
1 Zucchini
1 Hokkaidokürbis (ca. 800 g)
geriebener Käse (nach Belieben)

Für die Rosmarinkartoffeln:
2 Zweige Rosmarin
24 Drillinge
3 EL Öl
1 TL Salz

Für das Kartoffelnest:
6 große festkochende Kartoffeln
2 EL Öl
1 TL Salz

Für das Schweinefilet:
3 Schweinefilets (à ca. 350 g)
Salz · Pfeffer aus der Mühle
1 EL Öl

1. Zwiebeln und Knoblauch schälen, klein schneiden. Die Tomaten waschen und in kleine Würfel schneiden, dabei die Stielansätze entfernen und den Tomatensaft auffangen. Die Kräuter waschen und trocken schütteln, Blätter bzw. Nadeln abzupfen und fein hacken. Das Öl in einem Topf erhitzen und Zwiebeln und Knoblauch darin andünsten. Die Tomatenwürfel samt Saft hinzufügen. Kräuter, Salz, Pfeffer und Chilipulver unterrühren und bei mittlerer Hitze 10 Minuten köcheln lassen. Die Sauce leicht pürieren und bei schwacher Hitze ziehen lassen.

2. Den Backofen auf 180 °C Umluft vorheizen. Die Auberginen putzen, waschen und in dünne Scheiben schneiden. Die Tomaten waschen und in dickere Scheiben schneiden, dabei die Stielansätze entfernen. Die Zucchini waschen. Den Kürbis waschen, vierteln und die Kerne mit einem Löffel entfernen. Kürbisfleisch und Zucchini ebenfalls in Scheiben schneiden. Das Gemüse mit etwas Salz und Pfeffer würzen. Etwa ein Drittel der Tomatensauce in eine Auflaufform füllen, zuerst den Kürbis und dann das übrige Gemüse hineinschichten und mit der restlichen Sauce übergießen. Nach Belieben mit geriebenem Käse bestreuen. Den Gemüseauflauf zugedeckt im Ofen auf der mittleren Schiene etwa 40 Minuten garen.

3. Inzwischen für die Rosmarinkartoffeln den Rosmarin waschen, trocken tupfen und die Nadeln abzupfen. Die Drillinge waschen, längs halbieren und mit dem Rosmarin, Öl und Salz mischen. Mit der Schnittfläche nach oben in eine Auflaufform legen, zum Auflauf in den Ofen schieben und etwa 30 Minuten goldbraun backen.

4. Für das Kartoffelnest die Kartoffeln schälen, waschen und in lange Stifte raspeln oder schneiden. Die Kartoffelstifte auf einem tiefen Backblech im Öl wenden, mit Salz würzen und nebeneinander auf das Blech legen. Mit in den Ofen schieben und 25 Minuten goldbraun backen, evtl. in den letzten 2 Minuten den Backofengrill dazuschalten.

5. Die Schweinefilets mit Salz und Pfeffer würzen und jeweils quer halbieren. Das Öl in einer ofenfesten Pfanne erhitzen und die Filets darin rundum anbraten. Die Pfanne mit Alufolie abdecken, das Fleisch mit in den Ofen schieben und 20 Minuten garen.

6. Die Kartoffelnester auf Teller setzen und das Schweinefilet darauf anrichten. Die Gemüsescheiben danebenschichten und mit etwas Sauce beträufeln. Die Rosmarinkartoffeln auf den Tellern verteilen und die restliche Sauce separat dazu servieren.

Das Vanilleeis darf beim Servieren ruhig schon ein bisschen cremig verlaufen

Apfelrosen-Törtchen

mit Vanilleeis und Nussknusper

Zutaten für 6 Personen

Für die Apfeltörtchen:
Fett für die Form
3 große Äpfel (z. B. Boskop oder
Golden Delicious)
ca. 80 g Zucker
6 EL Zimtpulver
1 Rolle Blätterteig
(275 g; aus dem Kühlregal)
2–3 EL Johannisbeerkonfitüre
1 Eigelb

Für das Vanilleeis:
350 g Sahne
1 Vanilleschote
1 Ei
70 g Zucker

Für den Nussknusper:
100 g Zucker
300 g gemischte Nusskerne

1. Für die Apfeltörtchen den Backofen auf 180 °C vorheizen. Sechs Mulden einer Muffinform einfetten oder Papierförmchen bereitstellen. Die Äpfel waschen, halbieren, entkernen und in sehr dünne Scheiben schneiden. Die Apfelscheiben in einem Topf mit reichlich Wasser, dem Zucker und dem Zimt aufkochen. (Für intensiveren Apfelgeschmack halb Wasser, halb Apfelsaft verwenden.) Die Apfelscheiben etwa 10 Minuten kochen, bis sie weich und biegsam sind. In ein Sieb abgießen und etwas abkühlen lassen.

2. Den Blätterteig auf der Arbeitsfläche ausrollen und längs in etwa 3 cm breite Streifen schneiden. Die Streifen dünn mit Johannisbeerkonfitüre bestreichen. Die Apfelscheiben auf die Blätterteigstreifen legen, sodass die Apfelscheiben an einer Seite etwas über den Rand reichen. Dabei die Scheiben nicht übereinanderschichten. Die belegten Blätterteigstreifen von einem Ende her vorsichtig aufrollen, sodass eine Rose entsteht. Den Teig in die Muffinförmchen stellen und mit verquirltem Eigelb bestreichen. Die Apfeltörtchen im Ofen auf der mittleren Schiene 40 Minuten backen. Bevor die Apfelscheiben zu dunkel werden, mit Alufolie abdecken.

3. Für das Vanilleeis die Sahne steif schlagen. Die Vanilleschote der Länge nach aufschneiden und das Vanillemark herauskratzen. Ei, Zucker und Vanillemark über dem heißen Wasserbad 3 bis 4 Minuten zu einer cremigen Masse verrühren, dann die Eimasse im kalten Wasserbad unter Rühren abkühlen lassen.

4. Die Schlagsahne vorsichtig unter die Eimasse heben. Die Mischung in der Eismaschine nach Gebrauchsanleitung 15 Minuten cremig rühren. Das Eis in eine gefrierfeste Form umfüllen und ins Tiefkühlfach stellen.

5. Für den Nussknusper den Zucker in einem Topf karamellisieren, die Nüsse untermischen, auf einem Bogen Backpapier verstreichen und abkühlen lassen.

6. Die Apfelrosen-Küchlein mit dem Vanilleeis anrichten und mit Nussknusper garnieren.

Lasagne

nach
Omas Rezept

Zutaten für 4 Personen

1 Möhre
1 Zwiebel
1 Knoblauchzehe
500 g gemischtes Hackfleisch
1 EL Öl
Salz · Pfeffer aus der Mühle
150 ml Rinderbrühe
1 EL Butter
50 g Mehl
1/2 l Milch
Fett für die Form
ca. 9 Lasagneplatten
100 g Käse (am Stück; z. B. Gouda
oder Parmesan)

1. Die Möhre putzen, schälen und in kleine Würfel schneiden. Die Zwiebel und den Knoblauch schälen und in feine Würfel schneiden.

2. Das Hackfleisch in einer Pfanne im Öl kurz anbraten. Möhre, Zwiebel und Knoblauch hinzufügen, mit gut 2 Prisen Salz und Pfeffer würzen und mitbraten. Mit der Brühe ablöschen und bei schwacher Hitze etwa 1 Stunde schmoren lassen. Eventuell nochmals mit Salz und Pfeffer nachwürzen.

3. Die Butter in einem Topf erhitzen, das Mehl darüberstäuben und zu einer Mehlschwitze verrühren. Die Milch nach und nach unterrühren, die Béchamelsauce mit 1 Prise Salz würzen und bei schwacher Hitze ziehen lassen.

4. Den Backofen auf 200 °C vorheizen. Eine rechteckige Auflaufform einfetten. Auf dem Boden der Form wenig Béchamelsauce verteilen, mit Nudelplatten belegen und mit dem Hackfleisch bedecken. Auf diese Weise weiterschichten, bis alle Zutaten verbraucht sind, und mit dem Hackfleisch abschließen. Den Käse darüberreiben und die Lasagne im Ofen auf der mittleren Schiene 20 Minuten garen, bis der Käse schön gebräunt ist.

Stachelbeertorte

mit
Frischkäse

Zutaten für 12 Stücke

Für den Boden:
3 Eier
180 g weiche Butter
90 g Zucker
180 g Mehl
1 TL Backpulver
Saft von 1 Zitrone
80 g Mandelstifte
140 g Zucker

Für die Creme:
500 g Sahne
700 g Stachelbeeren (aus dem Glas; 360 g Abtropfgewicht)
250 g Frischkäse
1 Päckchen Dessertpulver mit Zitronengeschmack

Außerdem:
Fett für die Formen
Puderzucker und frische Stachelbeeren zum Garnieren

1. Für den Tortenboden den Backofen auf 180 °C vorheizen. Zwei Springformen (à 26 cm Durchmesser) einfetten. 2 Eier trennen. Die Butter und den Zucker cremig rühren, das 1 ganze Ei und die Eigelbe hinzufügen und unterrühren. Mehl und Backpulver mischen und löffelweise unter die Masse rühren. Den Teig auf die Formen verteilen und im Ofen auf der mittleren Schiene etwa 25 Minuten backen. Herausnehmen und kurz abkühlen lassen. Die Ofentemperatur auf 170 °C reduzieren.

2. Den Zitronensaft auf die Böden träufeln. Die Eiweiße zu steifem Schnee schlagen und auf den Tortenböden verteilen. Darauf die Mandelstifte und den Zucker streuen. Bei 170 °C Umluft etwa 15 Minuten backen. Die Tortenböden aus dem Ofen nehmen und abkühlen lassen. Vorsichtig aus den Formen lösen.

3. Für die Creme die Sahne steif schlagen. Die Stachelbeeren in ein Sieb abgießen und abtropfen lassen, dabei den Saft auffangen. Stachelbeerensaft und Frischkäse in einer Schüssel verrühren. Das Dessertpulver untermischen und die Schlagsahne unterheben.

4. Einen Tortenboden auf eine Kuchenplatte legen. Die Hälfte der Creme darauf verstreichen und die Stachelbeeren darüber verteilen. Die restliche Creme obenauf geben und mit dem zweiten Tortenboden bedecken. Die Torte vor dem Servieren mindestens 1 Stunde kühl stellen. Die Stachelbeertorte mit Puderzucker bestäuben und mit den frischen Stachelbeeren garniert servieren.

Die freundlichen Shire Horses der Familie Backhaus leben in ganzjähriger Offenstallhaltung im Herdenverband und sind dementsprechend ruhig und ausgeglichen. Diese Haltungsform findet die Familie am besten geeignet, um den Pferden ein gesundes und artspezifisches Leben zu ermöglichen.

Birgit Backhaus

Ritterlicher Arterhalt mit viel Liebe im Oberbergischen Land. Auf Hof Molehill Shire bei Hückeswagen wachsen Kaltblüter mit ihren Züchtern über alle hinaus.

Molehill Shire ist keine südenglische Grafschaft, wie der Name vielleicht vermuten lässt, sondern eine Pferdezucht in der über 500 Jahre alten, beschaulichen Hofschaft Engelshagen, einem Ortsteil der Stadt Hückeswagen. Seit 2012 leben Birgit und Christof Backhaus hier mit Tochter Annika. Neben der Familie und den Pferden, um die sich hier das allermeiste dreht, leben auf dem Hof zwei Alpakas, sechs Wachteln und 40 Hühner unterschiedlicher Rassen. „Bei den Hühnern legen wir keinen besonderen Wert auf die Legeleistung. Was als Huhn auf unseren Hof kommt, bleibt in der Regel bis zu seinem natürlichen Tod", so die 49-Jährige. Die Tiere haben es augenscheinlich gut auf dem Hof.

Doch nun erst einmal dazu, wie alles begann: Bevor sich Familie Backhaus in den Hückeswagener Hof verliebte, lebte sie in Belgien in einem kleinen Ort nahe der deutschen Grenze. Ihr Haus heizte sie zum überwiegenden Teil mit Holz. Um das Holz für den Kaminofen besser verarbeiten und lagern zu können, kaufte sich das Paar eine Wiese. Da die Wiese etwas größer ausfiel und Birgit Backhaus noch einige Jahre zuvor intensive Reiterin war, kam die Idee auf, sich eigene Pferde zu halten. Die Wahl fiel auf die größten Pferde der Welt – so entstand die Liebe zu den Shire Horses. Die Liebe entwickelte sich zum Wunsch, selbst zu züchten. Doch die richtigen Tiere zum Aufbau der Zucht zu finden, war gar nicht so einfach. „Wir zogen fast ein Dreivierteljahr durch die Lande, bis wir in den Niederlanden fündig wurden", erinnert sich Birgit. Einmal vom Pferdevirus infiziert, kamen weitere hinzu. Star auf dem Hof ist heute ihr wunderschöner, temperamentvoller und prämierter Deckhengst Duke. Neben ihm traben fünf Stuten mit aktuell fünf Fohlen über die zwölf Hektar Land von Hof Molehill Shire – „molehill" kommt aus dem Englischen und bedeutet übrigens „Maulwurfshügel".

Das Schönste für Birgit und ihren Mann ist es zu wissen, dass es den Tieren gut geht und dass sie mit ihrer Zucht einen Beitrag zur Arterhaltung der „größten Rasse der Welt" leisten. Die Rasse imponiert dann auch mit einer maximalen Masse von 1,2 Tonnen und der stattlichen durchschnittlichen Widerristhöhe von 1,78 Metern. „Durch ihre sehr menschenbezogene Art und ihr freundliches Wesen nennt man sie auch Gentle Giants", erklärt die Züchterin. Daneben gelten die Tiere als lernfähig und nervenstark. Wegen dieser Eigenschaften fand das ehemalige Ritterpferd ab dem 18. Jahrhundert seinen eigentlichen Verwendungszweck als Zugtier und Kutschpferd. So wurde in der Ära der Pferdezugbahnen beispielsweise die Londoner Stadtbahn von Shire Horses gezogen. Mit zunehmender Technisierung schwand die Bedeutung der Zugtiere so stark, dass die Rasse in den 60er-Jahren tatsächlich fast ausgestorben wäre. Einzelnen Züchtern ist es zu verdanken, dass ihr Arterhalt heute wieder gesichert ist. Zwei von ihnen sind Birgit und Christof. Für seinen gelebten Traum als Hobbyzüchter investiert das Paar den größten Teil ihrer Freizeit. Hauptberuflich ist Birgit Projektmanagement-Assistentin bei einer großen Versicherung, Christof ist als IT-Spezialist bei einer großen Aktiengesellschaft tätig. Birgit steht morgens schon vor fünf Uhr auf und fährt zur Arbeit, damit sie für die Pferde wieder früh zu Hause ist. Christof fährt später ins Büro, dafür versorgt er morgens die Pferde und Hühner. Am Wochenende kümmern sich beide gemeinsam um Hof und Tiere.

Was die Zucht angeht, wird die Mühe der Backhausens inzwischen immer wieder belohnt und die Nachzucht regelmäßig mit höchsten Auszeichnungen prämiert. Das Ziel des sympathischen Paars, das sein großes Hobby mit sehr viel Liebe betreibt, ist, die eigenen Nachzüchtungen auch in Zukunft gut zu platzieren. Die Voraussetzungen dafür könnten besser nicht sein.

Meine Tipps

Ob die Wachteleier die richtige Konsistenz haben, kann man durch Aufdrücken mit dem Finger prüfen: Es sollte sich am Daumenansatz so anfühlen, als ob man Daumen und Ringfinger zusammenhält. Aus Resten vom Pulled Pork lassen sich herrliche Burger machen!

Nest aus Pulled Pork

mit pochierten Wachteleiern
auf Salatbouquet

Zutaten für 6 Personen

150 ml Apfelsaft
3 EL Zucker
2 EL Worcestershiresauce
1 EL Salz
2 1/2–3 kg Schweinenacken
(ohne Knochen)
3 EL BBQ-Rub (Grillgewürz-
mischung)
500 g Feldsalat
2 EL Himbeeressig
1 EL Haselnussöl
Salz · Pfeffer aus der Mühle
3 EL Granatapfelkerne
Essig
18 Wachteleier

1. Am Vortag 100 ml Wasser mit Apfelsaft, Zucker, Worcestershiresauce und Salz zu einer Marinade verrühren. Den Schweinenacken mit der Marinade „impfen", d.h., die Marinade mit einer Bratenspritze rundum in das Fleisch einspritzen. Das Fleisch rundum großzügig mit dem Rub einreiben, fest in Frischhaltefolie einwickeln (besser noch vakuumieren) und über Nacht kühl stellen.

2. Am nächsten Tag den Braten 1 Stunde vor der Zubereitung herausnehmen und auswickeln.

3. Den Backofen auf 110 °C vorheizen. Den Braten auf der mittleren Schiene auf das Ofengitter legen und ein Abtropfblech darunterschieben. Das Bratenthermometer mittig hineinstechen und das Fleisch etwa 4 Stunden garen, bis es eine Kerntemperatur von etwa 90 °C erreicht hat. Den Ofen ausschalten, das Fleisch in Alufolie wickeln und im Ofen noch etwa 1 Stunde ruhen lassen.

4. Inzwischen den Feldsalat verlesen, waschen und trocken schleudern. Für die Vinaigrette Essig und Öl verrühren und mit Salz und Pfeffer würzen. Den Salat damit marinieren, auf Teller verteilen und die Granatapfelkerne darüberstreuen.

5. Für die Wachteleier eine Schüssel zu gleichen Teilen mit kaltem Wasser und Essig füllen. Mit einem kleinen, spitzen Messer nacheinander jeweils 1 Wachtelei im oberen Drittel rundum vorsichtig aufschneiden, dabei die Klinge nicht zu weit hineinstechen, um das Eigelb nicht zu zerstören. Den oberen Teil der Schale abnehmen und das Innere des Eis in die Schale mit Essigwasser gleiten lassen.

6. Einen hohen Topf zur Hälfte mit Wasser füllen und zum Kochen bringen. Mit dem Schneebesen kräftig im Topf rühren, bis ein Strudel entsteht, das Ei mit der Essigmischung ins Wasser gleiten lassen und bei mittlerer Hitze etwa 1 Minute pochieren. Mit einer Schaumkelle herausheben und auf Küchenpapier abtropfen lassen. Auf diese Weise alle Wachteleier zubereiten.

7. Das Fleisch im aufgefangenen Bratensaft mit zwei Gabeln in Stücke zupfen. Mit je 3 Eiern auf Teller verteilen, den Salat daneben anrichten und servieren.

Geschmorte Kalbsbäckchen

mit Zitronen-Kräuter-Gremolata und buntem Püree

Zutaten für 4 Personen

Für die Kalbsbäckchen:
4 Kalbsbäckchen (beim Metzger vorbestellen)
Salz · Pfeffer aus der Mühle
1 EL Öl
1/2 Stange Staudensellerie
2 Zwiebeln · 1 Knoblauchzehe
2 Tomaten
1 EL Tomatenmark
400 g Tomaten (aus der Dose)
1/4 l trockener Weißwein
2 Zweige Thymian
1 Zweig Rosmarin
1 mehligkochende Kartoffel
2 Lorbeerblätter
2 EL schwarze Pfefferkörner
400 ml Kalbsfond

Für das lila Püree:
1 kg violette Kartoffeln
Salz · 1/2 l Milch · 2 EL Butter
Pfeffer aus der Mühle
frisch gemahlene Muskatnuss

Für das grüne Püree:
450 g grüne Erbsen (in der Schote) · 1 kleine Zwiebel
4 EL Butter · Salz · 2 EL Sahne
Pfeffer aus der Mühle

Für die Gremolata:
1 Bund Petersilie
3 Zweige Thymian
1 Zweig Rosmarin
4 getrocknete Tomaten
2 Schalotten
50 g Butter · Salz
abgeriebene Schale und Saft von
1 Bio-Zitrone · 2 EL Semmelbrösel
Olivenöl · Pfeffer aus der Mühle

1. Für die Kalbsbäckchen den Backofen auf 150 °C vorheizen. Das Fleisch von Fett und Sehnen befreien, mit Salz und Pfeffer würzen und im Bräter im Öl anbraten. Herausnehmen und beiseitestellen. Sellerie putzen und waschen. Zwiebeln und Knoblauch schälen. Tomaten waschen und halbieren, dabei die Stielansätze entfernen. Das Gemüse in kleine Würfel schneiden und im Brattfett anbraten. Das Tomatenmark hinzufügen und kurz mitrösten. Die Dosentomaten und den Wein dazugeben, die Kalbsbäckchen in die Sauce geben und bei mittlerer Hitze etwas einkochen lassen.

2. Thymian und Rosmarin waschen und trocken tupfen. Die Kartoffel schälen und waschen. Die Kräuter, Lorbeerblätter und Pfefferkörner mit in den Bräter geben und den Fond angießen. Die Kartoffel hineinreiben. Den Bräter mit Backpapier abdecken und die Kalbsbäckchen im Ofen auf der mittleren Schiene 1 1/2 bis 2 Stunden schmoren.

3. Für das lila Püree die Kartoffeln schälen, waschen und in Salzwasser etwa 20 Minuten weich garen. Die Milch lauwarm erhitzen. Die Kartoffeln abgießen, ausdampfen lassen und mit dem Kartoffelstampfer zerdrücken. Die lauwarme Milch und die Butter unter das Püree rühren und mit Salz, Pfeffer und Muskatnuss würzen.

4. Für das grüne Püree die Erbsen palen. Die Zwiebel schälen, in feine Würfel schneiden und in 1 EL Butter dünsten. Die Erbsen mit etwas Wasser und 1 TL Butter hinzufügen, mit Salz würzen. Aufkochen und zugedeckt gerade eben weich garen. Die restliche Butter und die Sahne hinzufügen und alles mit dem Stabmixer pürieren. Falls das Püree zu fest ist, etwas Butter oder Sahne unterrühren, bis die gewünschte Konsistenz erreicht ist. Mit Salz und Pfeffer abschmecken.

5. Für die Gremolata die Kräuter waschen und trocken schleudern, die Blätter bzw. Nadeln abzupfen und fein hacken. Getrocknete Tomaten in kleine Würfel schneiden. Schalotten schälen und in feine Würfel schneiden. Butter in einem Topf zerlassen und die Schalotten darin andünsten. Mit Salz würzen. Zitronenschale, Kräuter, Tomatenwürfel und Semmelbrösel unterrühren. Mit Salz, Pfeffer und Zitronensaft abschmecken.

6. Die Kalbsbäckchen aus dem Bräter nehmen. Den Backofengrill einschalten. Die Gremolata gleichmäßig auf dem Fleisch verteilen und mit etwas Olivenöl beträufeln. Unter dem Ofengrill kurz überbacken. Inzwischen die Sauce aus dem Bräter durch ein Sieb passieren, mit Salz und Pfeffer abschmecken und zu den Bäckchen reichen.

Frisch aus dem Ofen sind die Törtchen ein herrlicher Kontrast zum Eis

White Chocolate Cookie Dough

mit Waldbeereneis und Krokantsplittern

Zutaten für 4 Personen

Für die Cookie Dough:
120 g Butter
75 g brauner Zucker
1 Ei
1/2 TL Salz
1 gestr. TL Backpulver
220 g Mehl
1 Päckchen Vanillezucker
100 g weiße Schokoladentropfen

Für das Waldbeereneis:
500 g gemischte Beeren der Saison
200 g Zucker
475 g saure Sahne
115 g Sahne

Für die Krokantsplitter:
25 ml Orangensaft
65 g Puderzucker
3 EL zerlassene Butter
15 g Mehl

1. Für die Cookie Dough die Butter mit dem Zucker schaumig rühren. Nach und nach die restlichen Zutaten hinzufügen, zuletzt die Schokotropfen untermischen. Vier Anrichteringe (à 7 cm Durchmesser) auf ein mit Backpapier belegtes Backblech stellen, den Teig darauf verteilen und festdrücken. Kühl stellen.

2. Für das Waldbeereneis die Beeren waschen und verlesen. In einem Topf aufkochen, bis alle geplatzt sind und viel Flüssigkeit abgeben. Durch ein Sieb streichen. Es sollte ungefähr 200 ml dickflüssiges Beerenkonzentrat entstehen. Abkühlen lassen. Das Beerenkonzentrat mit dem Zucker mischen, dann die saure Sahne und die Sahne unterrühren und die Masse 3 Stunden kühl stellen.

3. Das Waldbeereneis in der Eismaschine nach Gebrauchsanweisung zubereiten. In eine gefrierfeste Form füllen, mit Frischhaltefolie abdecken (damit sich keine Kristalle bilden) und im Tiefkühlfach lagern.

4. Für die Krokantsplitter den Backofen auf 180 °C vorheizen. Alle Zutaten mischen, auf ein mit Backpapier belegtes Backblech streichen und im Ofen auf der mittleren Schiene 5 bis 6 Minuten backen. Dabei aufpassen, dass die Masse nicht zu dunkel wird. Abkühlen lassen, in beliebig große Stücke brechen und auf Küchenpapier legen.

5. Die Ofentemperatur auf 200 °C erhöhen. Die Cookie Dough im Ofen auf der mittleren Schiene 6 bis 7 Minuten backen, dann die Temperatur auf 180 °C reduzieren und weitere 8 bis 10 Minuten backen.

6. Herausnehmen, die Cookie Doughs aus den Servierringen lösen und in Förmchen setzen. Je 1 Kugel Eis dazu anrichten und mit den Krokantsplittern garnieren.

Avocadosalat

mit Koriander
und Haselnussöl

Zutaten für 4 Personen

1 Salatgurke
4 Roma-Tomaten
3 Avocados
1 rote Zwiebel
1/2 Bund Koriandergrün
Salz · Pfeffer aus der Mühle
Saft von 1 Zitrone
2 EL Haselnussöl

1. Die Gurke putzen und waschen. Die Tomaten waschen und halbieren, dabei die Stielansätze entfernen. Das Fruchtfleisch ebenso wie die Gurke in kleine Würfel schneiden.

2. Die Avocados halbieren und die Steine entfernen. Die Avocadohälften schälen und das Fruchtfleisch in kleine Würfel schneiden. Die Zwiebel schälen, halbieren und in dünne Ringe schneiden. Alle Zutaten in einer Schüssel mischen.

3. Den Koriander waschen und trocken schütteln, die Blätter abzupfen und fein hacken. Den Koriander unter die übrigen Zutaten mischen und den Avocadosalat mit Salz, Pfeffer, Zitronensaft und Haselnussöl würzen.

Mein Tipp:

Am Koriander scheiden sich die Geister. Wenn Sie ihn partout nicht mögen, dann kann man ihn auch einfach durch Petersilie ersetzen. Damit der Salat dennoch eine etwas exotische Note erhält, statt Zitronensaft Limettensaft verwenden.

Gefüllte Hähnchenbrust

mit Bacon
und Avocado

Zutaten für 4 Personen

2 Avocados
1/2 Zwiebel
1/2 Tomate
2 TL gehackter Koriander
Salz
2 TL Zitronensaft
4 Hähnchenbrustfilets
(à ca. 150 g)
Pfeffer aus der Mühle
8 Scheiben Bacon
1 TL Öl

1. Den Backofen auf 200 °C vorheizen. Die Avocados halbieren und die Steine entfernen. Die Avocadohälften schälen und das Fruchtfleisch in eine Schüssel geben.

2. Die Zwiebel schälen und in feine Würfel schneiden. Die Tomate waschen, den Stielansatz entfernen und das Fruchtfleisch in kleine Würfel schneiden. Zwiebel, Tomate und Koriander unter die Avocados mischen, mit Salz würzen und mit Zitronensaft abschmecken. Mit einer Gabel dabei so fein zerdrücken, dass eine feine Masse entsteht.

3. Die Hähnchenbrustfilets waschen und trocken tupfen. Das Fleisch auf jeder Seite mit Salz und Pfeffer würzen und halbieren. In jede Hälfte mittig eine Tasche schneiden und jeweils mit 1 EL Avocadomischung füllen. Die gefüllten Filets mit je 2 Scheiben Bacon umwickeln.

4. Das Öl in einer großen Pfanne erhitzen und die gefüllten Filets darin auf beiden Seiten 2 bis 3 Minuten anbraten. Dann in eine Auflaufform legen und im Ofen auf der mittleren Schiene etwa 15 Minuten fertig garen. Dazu passen Nudeln.

Ob Fleischrinder- oder Schweinehaltung – Jutta Sträter und ihr Mann sind Bio-Bauern mit Leib und Seele. Mit ihrer ökologischen Grundeinstellung ist es selbstverständlich, dass Tiere viel Platz, Licht und frische Luft haben. Dank Ihres Engagements ist aus dem Hof ein Vorzeigehof geworden.

Jutta Sträter

Herzliches Miteinander ohne Kompromisse im östlichen Ostwestfalen. Auf dem Bioland-Hof Hartmann im Kreis Höxter fühlen sich nicht nur die Schweine sauwohl.

Der Bioland-Hof Hartmann liegt ganz beschaulich im 550-Seelen-Dörfchen Haarbrück, einem Stadtteil von Beverungen im östlichen Ostwestfalen. Hier lebt und arbeitet Jutta Sträter, die bei der Heirat ihren Namen behalten hat, gemeinsam mit ihrem Mann Hubertus Hartmann. Die beiden Töchter, Mara und Anne, haben den ländlichen Hof verlassen und sind zur Ausbildung in städtischere Gegenden gezogen. Bei Jutta war das umgekehrt, sie ist in Gelsenkirchen, also mitten im Pott, aufgewachsen, hatte aber schon immer ein Faible für „alles Grüne", wie sie sagt, war in ihrer Jugend ein „kleiner Öko" und träumte bereits damals von einem Leben im Grünen. Ihr Glück hätte also nicht größer sein können, als sie während des praktischen Teils ihres Studiums zur Agraringenieurin Landwirt Hubertus kennen- und lieben lernte.

Nachdem sie als Paar den Hof übernommen hatten, reifte der Entschluss, auf ökologische Landwirtschaft umzustellen. Dieser Plan stieß damals bei Huberts' Eltern auf sehr offene Ohren und sie unterstützten das Vorhaben nach Kräften. Jutta erinnert sich schmunzelnd, dass sie damals ein wenig belächelt wurden. Aber die Hartmanns blieben gelassen ihrer Grundeinstellung treu, 1995 wurde der Plan umgesetzt, seither betreiben sie den Hof nach strengen Bio-Richtlinien. Heute sind von den insgesamt 60 Hektar Fläche 20 Hektar Grünland, die 60 Mastrindern und 100 Legehennen zur Beweidung und zum Auslauf zur Verfügung stehen. Die 120 Mastschweine stehen in einem Offenstall.

»Bio oder gar nichts – da gibt's keine Kompromisse«

Elementarer Bestandteil der strengen Bio-Richtlinien ist natürlich eine möglichst artgerechte Tierhaltung, die für das Paar „die Grundlage der hervorragenden Bio-Qualität unserer Produkte ist. Jedes Tier hat viel Platz, Licht und frische Luft", erklärt Hubertus. Die Rinder stehen von Mai bis November auf der Weide. Die Schweine haben einen hochmodernen, teiloffenen Stall, auf den der 51-Jährige besonders stolz ist. Er ist so konstruiert, dass keine Geruchsbelästigung für die Nachbarschaft entsteht. Und auch die Tiere können sich hier sauwohl fühlen. Die 49-Jährige erklärt ergänzend: „Schweine lieben Frischluft, sind aber zugluftempfindlich. Gerne liegen unsere Tiere mit dem Körper im Warmbereich, während sie ihre Nasen in die frische Luft hinausstecken." Das eingestreute Langstroh häckseln die Schweine durch Zerkauen selbst klein, so ist gleichzeitig für genügend Beschäftigung und Ablenkung gesorgt – eine wichtige Voraussetzung für das Wohlbefinden der Tiere.

Im Zusammenschluss mit einigen benachbarten Bauern hat Hubertus einen Windpark geschaffen. Weitere Standbeine sind Fotovoltaik und die Direktvermarktung ihrer Produkte über den Verkaufswagen. Das ist Juttas Bereich, ihr war es trotz aller Hofharmonie früh wichtig, etwas Eigenes zu haben. In Zusammenschluss mit einem anderen Bio-Betrieb bietet sie dreimal wöchentlich auf fünf Märkten der Umgebung ihre Waren an. Doch der Verkauf lief nicht immer so erfolgreich wie heute. „In den ersten Jahren war es nicht einfach, sich auf den alteingesessenen Märkten zu behaupten, aber heute läuft alles prima und die Familie ist zufrieden. Wenn es nach Jutta und Hubertus ginge, könnte es bis zur Rente so bleiben, nur ein wenig mehr Freizeit dürfte es noch sein.

Mit dem Sparschäler werden es
breite Streifen, mit dem
Spiralschneider dünne
Gemüsespaghetti

Möhren-Pastinaken-Salat

mit
Saatenknusper

Zutaten für 6 Personen

Für den Saatenknusper:
2 EL Butter
2 EL brauner Zucker
2 EL Sonnenblumenkerne
2 EL Kürbiskerne
4 EL getrocknete Sauerkirschen
(oder Rosinen, Cranberrys)

Für den Salat:
400 g Pastinaken
400 g Möhren
1 1/2 EL Olivenöl
1 Handvoll Blattsalat
1/2 säuerlicher Apfel
(z. B. Holsteiner Cox)

Für das Dressing:
4 EL Orangensaft
3 TL mittelscharfer Senf
1 EL flüssiger Honig
(oder Agavendicksaft)
3 EL Zitronensaft
3 EL Olivenöl
Kräutersalz
Meersalz
Pfeffer aus der Mühle

1. Für den Saatenknusper die Butter in einer Pfanne mit 2 EL Wasser und dem Zucker aufkochen. Die Kerne und die Sauerkirschen unterrühren und langsam karamellisieren. Sobald der gewünschte Bräunegrad erreicht ist, auf einem Bogen Backpapier verstreichen und abkühlen lassen. Den Saatenknusper in mundgerechte Stücke brechen.

2. Für den Salat die Pastinaken und die Möhren putzen, schälen und mit dem Sparschäler oder Spiralschneider in lange Streifen schneiden. Längere Spiralen halbieren. Das Olivenöl in einer großen Pfanne erhitzen und das Gemüse darin bei mittlerer Hitze bissfest garen.

3. Inzwischen für das Dressing alle Zutaten miteinander vermischen, mit Meersalz und Pfeffer abschmecken und das Dressing mit den Gemüsestreifen mischen.

4. Den Blattsalat waschen, trocken schleudern und auf Tellern anrichten. Die Apfelhälfte vierteln, entkernen und in schmale Spalten schneiden. Die Apfelspalten auf den Salatblättern verteilen, die Gemüsespiralen mittig daraufsetzen und mit dem Knusper bestreut servieren.

Haarbrücker Schweinerücken

mit mediterranem Kartoffelpüree, Balsamicozwiebeln und Spinat

Zutaten für 6 Personen

Für den Schweinerücken:
1,2 kg ausgelöstes Kotelett
4 EL grünes Pesto
Salz · Pfeffer aus der Mühle
3 Zweige Rosmarin
3 EL Olivenöl
3 EL Butterschmalz

Für die Balsamicozwiebeln:
800 g Zwiebeln
120 ml trockener Weißwein
4–5 EL Aceto balsamico
120 ml Gemüsebrühe
Salz · Pfeffer aus der Mühle

Für den Spinat:
500 g Blattspinat
1 Zwiebel
1 Knoblauchzehe
3 EL Olivenöl
Salz · Pfeffer aus der Mühle
1 1/2 TL körnige Gemüsebrühe
frisch geriebene Muskatnuss
gehackten Thymian und
Rosmarin (nach Belieben)
75 g Schafskäse (Feta)

Für das Püree:
1 kg mehligkochende Kartoffeln
Salz · 60 g Pinienkerne
1 Zwiebel
2 Knoblauchzehen
6 EL Olivenöl
70 g getrocknete Tomaten (in Öl)
2 TL Basilikumöl
etwas Zitronensaft
2 EL gehackter Basilikum

1. Für den Schweinerücken den Backofen auf 80 °C vorheizen. Das Fleisch mittig aufschneiden und die Innenseite mit dem Pesto bestreichen. Zusammenklappen, mit Küchengarn fixieren und mit Salz und Pfeffer würzen.

2. Den Rosmarin waschen und trocken schütteln. Olivenöl und Butterschmalz in einer Pfanne erhitzen, das Fleisch darin rundum anbraten, dabei den Rosmarin mitbraten. Das Fleisch herausnehmen (die Pfanne mit dem Bratensatz für die Balsamico-Zwiebeln beiseitestellen) und in einer Auflaufform im Ofen auf der mittleren Schiene etwa 4 Stunden garen, bis es eine Kerntemperatur von 60 °C erreicht hat.

3. Für die Balsamicozwiebeln die Zwiebeln schälen und vierteln oder achteln. Im Bratensatz anbraten, mit 1 1/2 TL Zucker bestreuen und leicht karamellisieren. Mit dem Weißwein ablöschen, etwas reduzieren lassen und den Essig angießen. Die Brühe hinzufügen und die Zwiebeln weich garen. In ein Sieb abgießen, dabei die Flüssigkeit auffangen und diese in einem kleinen Topf mit Salz, Pfeffer und etwas Zucker abschmecken. Die Balsamicozwiebeln in der Sauce warm halten.

4. Für den Spinat den Spinat verlesen und waschen, grobe Stiele entfernen. Zwiebel und Knoblauch schälen, in kleine Würfel schneiden und in einem Topf im Olivenöl anbraten. Den Spinat tropfnass dazugeben und zusammenfallen lassen. Mit Salz, Pfeffer, Brühe und etwas Muskatnuss würzen, nach Belieben Thymian und Rosmarin untermischen.

5. Für das Püree die Kartoffeln schälen, waschen und in Würfel schneiden. Die Kartoffelwürfel in Salzwasser etwa 20 Minuten weich garen. In ein Sieb abgießen (dabei etwas Kochsud auffangen), kurz ausdampfen lassen und mit dem Kartoffelstampfer im Topf zerdrücken. Die Pinienkerne in einer Pfanne ohne Fett anrösten. Zwiebel und Knoblauch schälen, in feine Würfel schneiden und im Olivenöl andünsten. Die getrockneten Tomaten abtropfen lassen, in kleine Würfel schneiden und kurz mitgaren. Zwiebelmischung, Basilikumöl, Zitronensaft, Basilikum und Pinienkerne unter den Kartoffelstampf heben und mit Salz abschmecken. Falls nötig, etwas von dem aufgefangenen Kochsud unterrühren.

6. Das Fleisch herausnehmen und in Alufolie gewickelt 10 Minuten ruhen lassen. Spinat auf Teller verteilen und mit zerbröckeltem Schafskäse bestreuen. Den Schweinerücken in dünne Scheiben schneiden und mit Balsamicozwiebeln und Kartoffelpüree daneben anrichten. Nach Belieben mit karamellisierten Cocktailtomaten garnieren.

Rosenblütenblätter veredeln dieses feine Dessert perfekt!

Erdbeer-Joghurt-Torte

à la Jutta

Zutaten für 12 Stücke

Für den Teig:
100 g Butter
100 g Zucker
100 g Dinkelmehl (Type 630)
100 g gemahlene Mandeln
1/2 TL Backpulver

Für die Füllung:
13 Blatt Gelatine
400 g Sahne
500 g stichfester Naturjoghurt
(3,5 % Fett)
200 g Schmand
150 g Zucker
Saft von 1 1/2 Zitronen

Für das Topping:
7 Blatt Gelatine
500 g Erdbeeren
Saft von 1/2 Zitrone
120 g Zucker

Außerdem:
Fett für die Form

1. Den Backofen auf 180 °C vorheizen. Den Boden einer Springform (24 cm Durchmesser) mit Backpapier bespannen und den Rand einfetten. Für den Teig alle Zutaten in einer Schüssel glatt verkneten und den Boden der Springform damit auslegen. Im Ofen auf der mittleren Schiene etwa 25 Minuten backen. Herausnehmen, den Teig rundum sofort vorsichtig mit dem Messer lösen und den Rand der Springform entfernen. Dann den Boden vollständig abkühlen lassen.

2. Den Tortenboden vom Formboden lösen, auf eine Tortenplatte legen und einen Tortenring darumstellen. Für die Füllung die Gelatine 10 Minuten in kaltem Wasser einweichen. Die Sahne steif schlagen und kühl stellen. Joghurt und Schmand mit Zucker und Zitronensaft verrühren. Die Gelatine gut ausdrücken, in 2 EL etwa 80 °C warmem Wasser auflösen und unter die Joghurtmasse rühren. Sobald die Masse andickt, die Schlagsahne unterheben und die Füllung auf dem Tortenboden verteilen. Die Torte mehrere Stunden, am besten über Nacht, kühl stellen.

3. Für das Topping die Gelatine 10 Minuten in kaltem Wasser einweichen. Die Erdbeeren waschen, putzen und mit Zitronensaft und Zucker fein pürieren. Die Gelatine gut ausdrücken, in 2 EL etwa 80 °C warmem Wasser auflösen und unter die Erdbeermasse rühren. Das Erdbeerpüree auf der Torte verteilen und weitere 2 Stunden kühl stellen.

4. Vor dem Servieren den Tortenring entfernen, die Erdbeer-Joghurt-Torte in Stücke schneiden und servieren. Nach Belieben mit ungespritzten Rosenblütenblättern und Erdbeeren garnieren.

Schweinegeschnetzeltes

mit Banane
und Apfel

Zutaten für 4 Personen

800 g Schweineschnitzel
2 EL Öl
Salz · Pfeffer aus der Mühle
3 Äpfel (z. B. Cox Orange)
2 Bananen
300 ml Ketchup mit Apfelsüße
400 g Sahne
2 TL mildes Currypulver
4 EL Mandelblättchen

1. Den Backofen auf 190 °C vorheizen. Die Schnitzel quer in dünne Streifen schneiden. Das Öl in einer beschichteten Pfanne erhitzen und das Geschnetzelte darin unter Rühren anbraten, bis es gut angeröstet ist. Mit Salz und Pfeffer würzen und in eine ofenfeste Form füllen.

2. Äpfel und Bananen schälen, die Äpfel vierteln und entkernen. Das Obst in kleine Stücke schneiden und über dem Fleisch verteilen. Den Ketchup mit der Sahne und dem Currypulver mischen, über das Geschnetzelte gießen und untermischen.

3. Die Mandelblättchen darüberstreuen und das Geschnetzelte im Ofen auf der mittleren Schiene 30 Minuten garen. Dann die Ofentemperatur auf 170 °C reduzieren und weitere 40 Minuten garen, bis das Fleisch schön zart ist. Dazu schmeckt Reis.

Mein Tipp:
Probieren Sie das Geschnetzelte auch mal mit Zucchini und grünem Pesto. Mit etwas geriebenem Pecorino obenauf servieren.

Rinderbraten

aus dem Schmortopf
mit Speck und Gemüse-Schmand-Sauce

Zutaten für 4 Personen

2 Zwiebeln
50 g geräucherter Bauchspeck
2 Möhren
1 kleine Zucchini
je 1 Zweig Oregano und Thymian
1 kg Rinderbraten
(z. B. aus der Keule)
Salz · Pfeffer aus der Mühle
2 EL Öl
200 g Schmand

1. Die Zwiebeln schälen und mit dem Speck in kleine Würfel schneiden. Die Möhren putzen und schälen, die Zucchini putzen und waschen. Beides in kleine Würfel schneiden. Die Kräuter waschen und trocken tupfen, die Blättchen abzupfen und fein hacken.

2. Den Rinderbraten rundum mit Salz und Pfeffer würzen. Das Öl in einem Schmortopf erhitzen und das Fleisch darin rundum anbraten. Den Braten herausnehmen und die Speckwürfel im heißen Bratfett auslassen. Zwiebeln, Möhren und Zucchini hinzufügen und mitdünsten.

3. Das Fleisch mit den Kräutern wieder in die Pfanne legen und etwas Wasser angießen. Den Rinderbraten im geschlossenen Topf bei schwacher Hitze etwa 2 Stunden köcheln lassen. Dabei gelegentlich kontrollieren, ob noch etwas Wasser dazugegeben werden muss.

4. Den Rinderbraten aus dem Schmortopf nehmen und in Alufolie gewickelt 15 Minuten ruhen lassen. Das Gemüse in einen kleinen Topf geben, den Schmand hinzufügen und mit dem Stabmixer zu einer feinen Sauce pürieren. Falls die Konsistenz zu dickflüssig ist, etwas Wasser unterrühren. Den Rinderbraten mit der Sauce servieren, dazu passen Salzkartoffeln und Blumenkohl.

Aus der Stadt und raus aufs Land, das war für Sylke Lenzen eine goldrichtige Entscheidung. Seither dreht sich bei der Hobbybäuerin alles rund um den Apfel, wobei ihr vor allem die guten alten Sorten am Herzen liegen. Zur Saftherstellung kam sie durch Zufall und setzt seither auf Qualität statt Profit.

Sylke Lenzen

Vom Baum in die Flasche am Niederrhein. Auf dem Süchtelner Apfelhof in Viersen wachsen alte Sorten himmelhoch und die Agenturchefin wird zur Apfelbäuerin.

Der Süchtelner Apfelhof in Viersen bei Düsseldorf besteht aus einem alten Weberhaus und einem Hektar Obstgarten. Hier wachsen über 50 Obstbäume mit alten, fast vergessenen Apfelsorten, die so blumige Namen tragen wie Königlicher Kurzstiel, Rote Sternrenette, Rheinischer Bohn, Rheinischer Winterrambur, Rheinische Schafsnase. Letztgenannter trägt Früchte, die bis zu kindskopfgroß werden. „Als ich hier hinkam, dachte ich, was ist das denn? Als Stadtkind kennt man ja nur diese kleinen Äpfel", lacht Sylke heute. Dazu gibt es Quitten-, Pflaumen- und Zwetschgenbäume sowie Holundersträucher. Im idyllischen Weberhaus leben Sylke Lenzen und ihr Mann Michael Dettmeier mit den 13-jährigen Zwillingen Lucia und Artur sowie der zehnjährigen Mara. Zwei bereits erwachsene Söhne wohnen nicht mehr zu Hause. Die Bäume waren schon vor Sylke auf dem Hof, ein Projekt des NABU zum Erhalt der Vielfalt alter Sorten hat sie vor knapp 40 Jahren hergebracht. Der Vorbesitzerin des Hofs sind sie dann im wahrsten Sinn des Wortes über den Kopf gewachsen, denn inzwischen waren die einstigen Setzlinge zu stattlichen Hochstämmen gediehen. Dass Sylke hier landete, kam so: Nachdem ihre Mutter 2008 verstorben war, stellte die heute 49-Jährige vieles in ihrem Leben infrage. Sie nahm sich eine Auszeit und fasste einen ersten Entschluss – weg aus dem trubeligen Düsseldorf und raus aufs Land. Gemeinsam mit ihrem Mann suchte sie im ländlichen Umkreis nach einem passenden Haus. Und schnell gab es einen klaren Favoriten – es sollte das Weberhaus mit dem wunderschönen alten Obstbestand sein.

Die Idee, die Äpfel selbst zu nutzen, begann mit wachsendem Interesse daran, was da genau blüht und so schöne Früchte trägt. Sylke begann damit, die genauen Sorten zu erforschen, bei der Bestimmung half schließlich sogar „Apfelpapst" Eckart Brandt. Und als der Pächter eines Tages die Ernte verpasste, ertrank das Paar förmlich in Äpfeln. Ein Erntefest sollte Abhilfe schaffen, es gab Apfelkuchen, Apfelmus und alle Freunde durften so viele Äpfel mitnehmen, wie sie tragen konnten. Doch das alles war mehr ein Tropfen auf den heißen Stein. Was übrig blieb, begann die Familie zu mosten – das war im Grunde die Geburtsstunde der Marke „Apfelgold". „Der Saft aus den alten Sorten hat so gut und ganz anders geschmeckt als der Saft, den man für gewöhnlich im Laden kauft", erinnert sich die Hobbybäuerin. Im Folgejahr wurde eine kleine Hobbymosterei eingerichtet, Sylke und Matthias belegten Kurse zum Beschneiden alter Obstbäume. „Der Beschnitt alter Sorten muss mit einer ganz anderen Sorgfalt geschehen als der manch moderner Züchtung", erklärt Sylke und fügt schmunzelnd hinzu: „Im Baumschnitt geht mein Mann Michael völlig auf." Zum Apfelsaft kam Blütenzauber dazu, um das kleine Unternehmen in die schwarzen Zahlen zu fahren. 2017 folgten zwei Limonaden – alle Produkte aus natürlichen und unbehandelten Früchten. In guten Jahren ernten die Hobbybauern etwa fünf Tonnen Früchte. In schlechten Jahren kann die Ernte direkt etwa um ein Drittel niedriger ausfallen, das ist erheblich.

Die Tradition des jährlichen Erntefests hat Sylke beibehalten, nebenher das Vertriebskonzept entwickelt und als Mediendesignerin natürlich auch das Logo selbst entworfen. Mittlerweile gibt es Apfelgold in lokalen Supermärkten zu kaufen. Für die Zukunft legt Sylke weniger Wert auf Expansion oder Ähnliches, viel wichtiger ist ihr, dass sich das Bewusstsein der Verbraucher weiter schärft.

» Wir könnten problemlos auch ein Bio-Zertifikat erwerben! «

Der italienische Klassiker schmeckt mit Gemüse aus dem Garten besonders fein!

Apulische Caponata

aus
Gartengemüse

Zutaten für 6 Personen

400 g rote Zwiebeln
2 Auberginen
2 Paprikaschoten
2 Möhren
2 Zucchini
400 g Tomaten
(frisch oder aus der Dose)
5 EL Olivenöl
2 EL Kapern
Salz · Pfeffer aus der Mühle

1. Die Zwiebeln schälen, vierteln und in feine Streifen schneiden. Die Auberginen putzen und waschen. Die Paprikaschoten längs halbieren, entkernen und waschen. Die Möhren putzen und waschen. Die Zucchini waschen, die frischen Tomaten kreuzweise einritzen, überbrühen, häuten, vierteln und entkernen. Alle Gemüse in kleine Würfel schneiden.

2. Das Olivenöl in einem Topf erhitzen und die Zwiebeln darin andünsten. Auberginen, Paprikaschoten, Möhren und Zucchini hinzufügen und kurz mitdünsten. Die Tomaten und die Kapern dazugeben und die Caponata zugedeckt etwa 20 Minuten köcheln lassen. Mit Salz und Pfeffer würzen.

Mein Tipp:
Eignet sich super als Vorspeise und schmeckt kalt oder warm. Die Caponata passt auch zu Pasta oder als Beilage zu gebratenen Fleisch- und Fischgerichten.

Marokkanischer Tajine-Eintopf

mit Rindfleisch, Roter Bete und Orange

Zutaten für 6 Personen

600 g Rindfleisch
3–4 Rote Beten (vorgegart und vakuumiert)
2 rote Zwiebeln
3–4 Knoblauchzehen
1 walnussgroßes Stück Ingwer
1 Chilischote
2 TL Korianderkörner
3 EL Butterschmalz oder Ghee (siehe Tipp)
2 Zimtstangen
2 Orangen
1 EL Honig
Salz · Pfeffer aus der Mühle
3 EL Pinienkerne

1. Das Rindfleisch waschen, trocken tupfen und in mundgerechte Würfel schneiden. Die Roten Beten in kleine Würfel schneiden, dabei am besten Einweghandschuhe tragen, da die Knollen stark abfärben. Die Zwiebeln und den Knoblauch schälen, die Zwiebeln halbieren und in feine Streifen, den Knoblauch in feine Würfel schneiden. Den Ingwer schälen und fein reiben. Die Chilischote längs halbieren, entkernen, waschen und in feine Ringe schneiden. Die Korianderkörner im Mörser leicht andrücken.

2. Die Butter oder das Ghee in der Tajine erhitzen und Knoblauch, Zwiebeln und Ingwer darin unter Rühren leicht andünsten. Chili, Korianderkörner und Zimtstangen mit den Roten Beten hinzufügen und 2 bis 3 Minuten mitdünsten. Das Rindfleisch dazugeben und 1 Minute anbraten. So viel Wasser angießen, bis das Fleisch bedeckt ist, und aufkochen lassen. Die Flüssigkeit etwas reduzieren lassen und mit geschlossenem Deckel bei schwacher Hitze etwa 1 Stunde köcheln lassen.

3. Die Orangen so großzügig schälen, dass auch die weiße Haut mit entfernt wird. Die Filets zwischen den einzelnen Trennhäuten herausschneiden. Die Orangenfilets und den Honig unter den Eintopf mischen und mit Salz und Pfeffer würzen. Zugedeckt weitere 15 Minuten garen.

4. Die Pinienkerne in einer Pfanne ohne Fett goldbraun rösten. Über das Gericht streuen und sofort servieren. Dazu schmeckt gerösteter Kürbis oder Couscous.

Mein Tipp:
Das Gericht lässt sich genauso gut in einem Schmortopf zubereiten. Ghee ist übrigens Butterreinfett und eine beliebte Zutat in der indischen Küche.

Ein Hauch Puderzucker gibt dem saftig-
süßen Kuchen den letzten Schliff

Apfel-Charlotka

mit
Holunderblütensorbet

Zutaten für 6 Personen

Für den Kuchen:
Butter für die Form
1,2 kg säuerliche Äpfel
(z. B. Boskop)
4 Eier
200 g Zucker
Mark von 1 Vanilleschote (oder
einige Tropfen Vanillearoma)
125 g Mehl

Für das Sorbet:
6–8 Bio-Zitronen (4 davon Bio)
250 g Zucker
1/2 l Holunderblütensirup

1. Für den Kuchen den Backofen auf 175 °C vorheizen. Eine Springform (24 cm Durchmesser) einfetten. Die Äpfel vierteln, schälen, entkernen und in kleine Würfel schneiden. Die Apfelstücke gleichmäßig in der Springform verteilen. Eier, Zucker und Vanillemark mit den Quirlen des Handrührgeräts cremig rühren. Das Mehl vorsichtig unterheben. Den Teig über den Äpfeln verteilen und die Apfel-Charlotka im Ofen auf der mittleren Schiene 50 bis 60 Minuten backen.

2. Für das Sorbet die 4 Bio-Zitronen heiß waschen, trocken reiben und die Schale in Zesten abziehen. Alle Zitronen halbieren und auspressen (das sollte etwa 400 ml Zitronensaft ergeben). In einem Topf den Saft mit Zucker und Holunderblütensirup unter Rühren erhitzen, bis sich der Zucker völlig aufgelöst hat. Den Topf vom Herd nehmen, die Zitronenzesten hinzufügen und in der Zuckerlösung ziehen lassen.

3. Den Holunderblüten-Zitronen-Sirup in einen gefrierfesten Behälter füllen und ohne Deckel 3 bis 4 Stunden ins Tiefkühlfach stellen, dabei alle 30 Minuten durchrühren, damit sich keine größeren Eiskristalle bilden.

4. Je 1 Stück lauwarme Apfel-Charlotka mit je 1 Kugel Sorbet auf Tellern anrichten und servieren. Nach Belieben mit frischer Minze dekorieren.

Mein Tipp:
Die Backzeit der Apfel-Charlotka kann man nach Belieben variieren: Ich lasse sie gern in der Mitte noch leicht flüssig. Bei Verwendung einer Eismaschine den Holunderblüten-Zitronen-Sirup nach Herstelleranleitung zubereiten.

Ossobuco

Geschmorte Kalbsbeinscheiben

Zutaten für 4 Personen

4 Kalbsbeinscheiben (Kalbs-
haxenscheiben; à ca. 250 g)
Salz · Pfeffer aus der Mühle
1 EL Mehl
2 große Zwiebeln
100 g Knollensellerie
2 Möhren
500 g Tomaten
(frisch oder aus der Dose)
50 g Butterschmalz
200 ml Gemüsebrühe

1. Den Backofen auf 200 °C vorheizen. Das Fleisch waschen und trocken tupfen, rundum mit Salz und Pfeffer würzen und mit dem Mehl bestäuben. Zwiebeln, Knollensellerie und Möhren schälen und in kleine Würfel schneiden. Die frischen Tomaten kreuzweise einritzen, überbrühen, kalt abschrecken, häuten, vierteln und entkernen. Die Tomatenviertel in Würfel schneiden.

2. Das Butterschmalz in einem ofenfesten Schmortopf erhitzen und die Beinscheiben darin auf jeder Seite anbraten. Die Gemüsewürfel hinzufügen und kurz mitdünsten. Im Ofen auf der mittleren Schiene zugedeckt etwa 40 Minuten schmoren lassen.

3. Die Brühe dazugießen und die Beinscheiben weitere 40 Minuten schmoren. Dazu schmeckt klassisch Risotto alla milanese, aber auch cremige Polenta oder Kartoffeln sind köstlich.

Apfel-Brombeer-Crumble

à la Sylke

Zutaten für 4 Personen

Butter für die Form
1 kg säuerliche Äpfel
(z. B. Boskop)
200 g Butter
200 g Mehl
200 g Zucker
Mark von 1 Vanilleschote
200 g Nussmüsli
300 g Brombeeren

1. Den Backofen auf 200 °C vorheizen. Eine ofenfeste Form einfetten. Die Äpfel schälen, vierteln, entkernen und in kleine Stücke schneiden. Die Apfelstücke in der Form verteilen und im Ofen auf der mittleren Schiene etwa 10 Minuten vorbacken.

2. Die Butter in einem kleinen Topf zerlassen. Mehl, Zucker, Vanillemark und Nussmüsli in einer Schüssel mischen, die flüssige Butter dazugießen und mit den Händen zu Streuseln kneten.

3. Die Brombeeren verlesen, waschen und trocken tupfen. Die Beeren zu den Äpfeln in die Form geben, die Streusel darüber verteilen und den Crumble im Ofen 20 bis 25 Minuten backen.

Mein Tipp:
Schmeckt als Dessert mit Vanilleeis oder als Kuchen. Statt der Brombeeren kann man auch andere Beeren oder getrocknete Cranberrys verwenden.

Willkommen im wilden Leben! Katja und ihr Mann wagten das Abenteuer und tauschten ihre gut bezahlten Jobs gegen den Erhalt und Aufbau eines Familien-Wildparks. Park, Tiere, Gäste und der Betrieb des kleinen Cafés sind für Katja eine Herzensangelegenheit, für die sich all die Mühe lohnt.

Katja Scheidtweiler

Viel Bewegung bei Nideggen in der Rureifel. Im Wildpark Schmidt herrscht wildes Getümmel und der Nachwuchs wagt einen mutigen Sprung in die Zukunft.

Wildpark Schmidt liegt in den Wäldern von Nideggen, einer Kleinstadt im Kreis Düren oberhalb des Mittleren Rurtals. Axels Großvater hat den Park 1968 gegründet, mit Axel und Katja Scheidtweiler führt ihn nun bereits die dritte Generation der Familie. Für die beiden 34-Jährigen hat sich damit der lange gehegte Wunsch von Axel erfüllt, die eigenen Kinder so aufwachsen zu sehen, wie er es tun durfte. Als Axels Eltern Lilli und Willibert kurz vor dem Rentenalter standen, kam die Frage auf, ob und wie es mit dem Wildpark weitergeht. „Ein ganzes Jahr lang haben wir darüber gegrübelt", erzählt Axel, dann stand die Entscheidung fest. Das Paar, das bis dato mit gut gehenden Jobs mitten in Köln gelebt hatte, wagte den Ausstieg aus dem sicheren Leben. Ganz so idyllisch, wie das jetzt klingt, sind der Alltag und die Bewirtschaftung einer solchen Einrichtung natürlich nicht, man könnte auch sagen, es ist ganz schön hart verdientes Brot.

Zunächst ging es nach der Übernahme um die Verlängerung des Pachtvertrags mit der Stadt Nideggen, der das Land gehört – Gebäude und alle Tiere sind Eigentum der Familie. Also entwickelten der Elektrotechniker und die Betriebswirtin ein detailliertes Konzept, das dem inzwischen etwas in die Jahre gekommenen Wildpark zu neuem Glanz verhelfen soll. Das Konzept hat die Stadt überzeugt und der Pachtvertrag wurde um weitere 20 Jahre verlängert. „Wir planen, den Wildpark nach und nach auf einen neuen Stand zu bringen", erklärt Katja. Einiges ist schon geschehen, zahlreiche andere Modernisierungsmaßnahmen werden folgen. Die 34-Jährige ergänzt: „Wir erhalten keine öffentlichen Gelder, sondern finanzieren sämtliche Investitionen privat aus den Einnahmen des Wildparks." Erfolg und Existenz sind damit letztendlich rein von der Besucherzahl abhängig. Darum ist es besonders wichtig, dass jeder Besucher hier etwas findet, das ihn erfreut und bestenfalls zum Wiederkommen animiert. Ein Grund, immer wieder zum Wildpark zu fahren, ist neben den Tieren ganz sicher „Lillis Café", das sich über die Parkgrenzen hinaus einen Namen gemacht hat. Unterstützt von Schwiegermama Lilli serviert Katja hier mit Liebe selbst gemachte Kuchen, selbst gebackenes Brot und Brötchen. Die Spezialität des Cafés sind Speisen wie die Wildparkbrotzeit mit Hirschschinken oder Wildsalami – natürlich aus eigenem Bestand. An Sonn- und Feiertagen lockt ein regionales Frühstück.

Der Wildpark selbst erstreckt sich über eine Fläche von 36,5 Hektar. Heimisches Wild in natürlicher Wildbahn beobachten, das kann man hier reichlich. „Zu sehen gibt es ganzjährig 180 Tiere – davon 130 wild lebende Waldtierarten wie Wildschweine, Mufflons, Rotwild und Damwild", erklärt Katja. Ihre Nahrung beziehen sie aus Futterstellen und dem weitläufigen Gehege. Die Wasserversorgung erfolgt durch natürliche Bachläufe. So können die Besucher die Tiere in ihrer natürlichen Umgebung beobachten und fotografieren. Hinzu kommen Ziegen, Esel, Laufenten, Perlhühner, Gänse und Hühner, Kaninchen und Meerschweinchen Besonders stolz sind die Scheidtweilers auf die frei lebenden Biber, obwohl sie viel Arbeit machen, denn immer wieder gibt es umgestürzte Bäume und Wasseransammlungen.

Bis heute haben Katja und Axel ihre Entscheidung nicht bereut. Sie sehen sich ein bisschen als Aussteiger. Als Landwirte mit Wildparkhaltung sind sie in ihrem Leben angekommen, würden sie sagen. Mögen die Besucher reichlich und immer wieder kommen, Stadtkinder die Tiere bestaunen und Erwachsene die Ruhe des Waldes genießen. Denn es ist wichtig, dass sich Menschen wie die Scheidtweilers auf solche Abenteuer einlassen, damit auch noch Baby Jonas in ein paar Jahren und vielleicht sogar Katjas Enkel die Vielfalt der Natur erleben können.

An diesem farbenfrohen Salat kann man sich kaum sattsehen! Optimal ergänzt wird er durch Sülze und Käse

Mein Tipp

Zu den kleinen Sülzen serviere ich gerne noch eine leckere und ganz unkomplizierte Senfcreme. Dafür verwende ich eine Mischung aus grobem Senf, Mayonnaise und Crème fraîche. Einfach alles verrühren und mit Salz und Pfeffer abschmecken.

Kräutersalat mit Ziegenkäsetalern

und
Hirschsülze

Zutaten für 4 Personen

Für die Hirschsülze:
1 Hirschrückenfilet
(ca. 125 g)
Salz · Pfeffer aus der Mühle
1 EL Öl
125 g kleine Pfifferlinge
1/2 EL gehackter Kerbel
1 EL gehackte Petersilie
4 Blatt Gelatine
200 ml Rinderbrühe

Für den Salat:
125 g Himbeeren
2 EL Rotweinessig
1 TL mittelscharfer Senf
2 EL flüssiger Honig
Salz · Pfeffer aus der Mühle
Zucker
4–5 EL Olivenöl
1 EL Pinienkerne
25 g gemischte Kräuter
(z. B. Petersilie, Schnittlauch,
 Dill, Basilikum)
1/2 kleiner Radicchio
50 g junger Spinat
40 g Rucola
1/2 Avocado
4 kleine Ziegenkäsetaler

1. Für die Hirschsülze den Backofen auf 200 °C vorheizen. Das Filet mit Salz und Pfeffer würzen und in einer ofenfesten Pfanne im Öl rundum bei starker Hitze anbraten. Im Backofen auf der mittleren Schiene etwa 5 Minuten fertig garen. Das Filet herausnehmen, abkühlen lassen und in etwa 1/2 cm große Würfel schneiden.

2. Die Pfifferlinge putzen und, falls nötig, trocken abreiben. Die Pilze in einem Topf ohne Fett unter Rühren anbraten. Mit Salz und Pfeffer würzen und den Kerbel, die Petersilie und die Filetstückchen untermischen.

3. Die Gelatine in kaltem Wasser einweichen. 2 EL der Rinderbrühe erhitzen, Gelatine gut ausdrücken und unter Rühren darin auflösen. Vom Herd nehmen, die restliche Brühe unterrühren und abschmecken. Einen kleinen Teil in eine Schüssel füllen, den Rest mit der Pilz-Filet-Mischung verrühren und abkühlen lassen, bis die Flüssigkeit zu gelieren beginnt.

4. Vier kleine Silikonförmchen mit dem beiseitegestellten Gelee (ohne Pilze) 3 bis 4 mm hoch ausgießen und im Kühlschrank fest werden lassen. Darauf die Pilz-Filet-Mischung verteilen und ggf. noch etwas Gelee ohne Pilze angießen, damit die Mischung gänzlich bedeckt ist. Die Sülzen kühl gestellt 4 bis 5 Stunden fest werden lassen.

5. Für den Salat die Himbeeren verlesen, waschen und trocken tupfen. In einer Schüssel 25 g Himbeeren mit einer Gabel zerdrücken. Mit 2 EL Wasser, Essig, Senf, 1 EL Honig, Salz und Pfeffer verrühren. Das Olivenöl nach und nach unterrühren und das Dressing mit Salz und Pfeffer abschmecken.

6. Die Pinienkerne in einer Pfanne ohne Fett goldbraun rösten. Die Kräuter waschen, trocken schütteln und die Blätter abzupfen. Den Radicchio putzen, waschen und in Streifen schneiden. Den Spinat und den Rucola verlesen, waschen und trocken schleudern. Mit Kräutern und Radicchio mischen. Die Avocado schälen und quer in Scheiben schneiden.

7. Den restlichen Honig erwärmen und die Pinienkerne untermischen. Die Sülzen auf Teller stürzen. Den Ziegenkäse neben der Sülze anrichten und mit der Honig-Pinienkern-Mischung beträufeln. Die restlichen Himbeeren und die Avocado unter den Salat mischen und mit dem Dressing beträufelt daneben anrichten. Dazu passt knuspriges Baguette oder Ciabatta.

Besonders edel: einzelne Rosenkohl-
blätter ablösen und bissfest
blanchieren

Gebratener Hirschstrudel

mit Rosenkohl
und Kartoffel-Sellerie-Püree

Zutaten für 4 Personen

Für die Wildsauce (1/4 l):
250 g gehackte Fleischknochen
vom Hirsch
1 kleine Zwiebel
1/2 kleine Möhre
1 kleines Stück Knollensellerie
1/2 TL Puderzucker
1/2 EL Tomatenmark
75 ml Rotwein
1/2 TL Öl
1/2 l Geflügelbrühe
1/2 TL Speisestärke
1/2 TL Pimentkörner
1 kleines Lorbeerblatt
1/2 TL leicht angedrückte
Wacholderbeeren
1/2 TL Zimtrindensplitter
je 1 Streifen Bio-Orangen- und
-Zitronenschale
1/2 EL Preiselbeerkompott
Salz · Pfeffer aus der Mühle
1 Schuss Sahne

Für den Hirschstrudel:
1/2 EL getrocknete gemischte
Pilze
1 Hähnchenbrustfilet (ca. 120 g)
Salz, 1/2 TL Cognac
1 TL Wildgewürz (0,6 g)
frisch geriebene Muskatnuss
1 TL Bio-Zitronenschale
Pfeffer aus der Mühle
1 Prise mildes Chilipulver
150 g eiskalte Sahne
2 EL gehackte Pistazien
2 Hirschfilets vom Spießer
(einjähriger Hirsch; à ca. 100 g)
1 EL Öl
4 Blätterteigblätter (20 x 20 cm;
aus dem Kühlregal)

1. Für die Wildsauce den Backofen auf 220 °C vorheizen. Die Knochen waschen, trocken tupfen und auf einem Backblech im Ofen rundum etwa 30 Minuten bräunen. Das ausgetretene Fett entfernen. Das Gemüse putzen bzw. schälen und in etwa 1 1/2 cm große Würfel schneiden.

2. In einem großen Topf den Puderzucker karamellisieren, das Tomatenmark einrühren und mitrösten. Mit 25 ml Rotwein ablöschen und sämig einköcheln lassen. Den übrigen Rotwein auf zwei Mal hinzufügen und einköcheln lassen.

3. Das Gemüse in einer Pfanne im Öl andünsten, mit den Knochen in den Topf geben, mit der Brühe aufgießen und 2 Stunden knapp unter dem Siedepunkt ziehen lassen.

4. Die Sauce durch ein Sieb abgießen und auf die Hälfte einköcheln lassen. Die Speisestärke mit wenig kaltem Wasser glatt rühren, in die Sauce rühren und 2 Minuten sämig einköcheln lassen. Piment, Lorbeer, Wacholderbeeren, Zimtrinde und Zitrusschalen in einen Teebeutel gefüllt einige Minuten in der Sauce ziehen lassen und wieder entfernen. Mit etwas Preiselbeerkompott, Salz und Pfeffer abschmecken und die Sahne einrühren.

5. Für den Hirschstrudel die Pilze mit kochendem Wasser übergießen und 10 Minuten ziehen lassen. In ein Sieb abgießen, abtropfen lassen und nicht zu klein hacken. Das Hähnchenbrustfilet in kleine Würfel schneiden, kräftig mit Salz würzen und etwa 5 Minuten ins Tiefkühlfach stellen. Das Fleisch darf dabei nur anfrieren. Das Fleisch in der Küchenmaschine mit Cognac, Wildgewürz, Muskatnuss, Zitronenschale, Pfeffer und Chilipulver würzen und nach und nach die Sahne untermixen, bis eine glatte, glänzende Masse entsteht. Die Farce mit Pistazien und Pilzen mischen und mit Salz und Pfeffer abschmecken. Den Backofen auf 160 °C vorheizen.

6. Die Hirschfilets in einer Pfanne bei mittlerer Hitze in 1 EL Öl rundum anbraten und wieder herausnehmen. Die Blätterteigblätter auf der Arbeitsfläche auslegen und mit der Farce bestreichen. Die Hirschfilets längs darauflegen und einwickeln, die Teigenden einschlagen. Die Strudel mit der Nahtseite auf ein mit Backpapier belegtes Backblech legen und im Ofen auf der mittleren Schiene 30 bis 40 Minuten backen.

7. Die Hirschstrudel in breite Schreiben schneiden und mit etwas Wildsauce beträufeln. Dazu passen Rosenkohl und Kartoffel-Sellerie-Püree.

Zum „Black & White"-Parfaittörtchen gibt's gnaz klassisch flüssige Schokolade

Schoko-Vanille-Eistörtchen

mit warmer Schokoladensauce, Zitruskompott und Karamell Royal

Zutaten für 4 Personen

Für das Kompott:
2 Blutorangen
2 Orangen
2 Grapefruits
Saft von 2 Orangen
8 g Vanillepuddingpulver
4 EL Grand Marnier
2 EL Grenadinesirup
Saft von 1/2 Limette
1/2 EL Zucker

Für das Eistörtchen:
1 Vanilleschote
125 ml Milch
4 Eigelb
4 1/2 EL Zucker
1/2 Prise Salz
250 g Sahne
25 g Zartbitterschokolade
30 g Vollmilchschokolade

Für die Schokoladensauce:
150 g Zartbitterschokolade
ca. 45 ml Milch

Für das Karamell Royal:
4 EL gehackte Haselnüsse
4 EL gehackte Mandeln
50 g Läuterzucker (erhältlich in Fachgeschäften für Konditorenbedarf)

1. Für das Zitruskompott am Vortag Orangen und Grapefruits so großzügig schälen, dass auch die weiße Haut mit entfernt wird. Die Filets herausschneiden, den austretenden Saft auffangen und die restlichen Zitrusfrüchte auspressen. Den ganzen Zitrusfruchtsaft aufkochen. Das Puddingpulver mit Grand Marnier und Grenadinesirup verrühren, unter den Saft mischen und unter Rühren kurz aufkochen, bis der Fond bindet. Den Limettensaft und den Zucker unterrühren, die Fruchtfilets in den Fond einlegen und 24 Stunden darin ziehen lassen.

2. Für die Eistörtchen vier Förmchen (à **6 bis 8** cm Durchmesser) kühl stellen. Mit einer Schablone aus Plastik die Förmchen in Hälften aufteilen. Die Vanilleschote längs halbieren und das Mark herauskratzen. Die Milch mit Vanillemark und -schote aufkochen. 2 Eigelbe mit 4 EL Zucker und Salz im heißen Wasserbad dickschaumig aufschlagen. Die Vanilleschote entfernen und die Vanillemilch nach und nach unter die Eiercreme rühren. Abkühlen lassen. Die Sahne steif schlagen und die Hälfte unter die Vanille-Eier-Mischung ziehen. Die Creme in einer gefrierfesten Form mindestens 5 Stunden gefrieren lassen, dabei ab und zu durchrühren.

3. Die beiden Schokoladensorten grob hacken, im heißen Wasserbad schmelzen und abkühlen lassen. Die restlichen Eigelbe mit dem übrigen Zucker schaumig rühren, die flüssige Schokolade untermischen. Abkühlen lassen, dabei ab und zu umrühren. Die restliche Sahne unterziehen. Die Creme in einer gefrierfesten Form mindestens 5 Stunden gefrieren lassen, dabei ab und zu durchrühren.

4. Das Eis herausnehmen, etwas antauen lassen, durchrühren und die geteilten Förmchen abwechselnd befüllen. Die Schablone vorsichtig entfernen und die Törtchen zugedeckt 30 Minuten tiefkühlen.

5. Am nächsten Tag für die Schokoladensauce die Schokolade grob zerteilen und in einem Topf unter Rühren langsam schmelzen (nicht kochen). Die Milch langsam unter Rühren dazugießen und solange rühren, bis eine cremige Sauce entsteht (nicht kochen). Falls nötig, noch etwas Milch dazugeben, bis die Sauce die gewünschte Konsistenz erreicht hat.

6. Für das Karamell Royal Nüsse und Mandeln mit Läuterzucker unter Rühren karamellisieren. Die Masse auf einer Platte verteilt abkühlen lassen. Eistörtchen aus der Form lösen und auf leicht gekühlte Teller setzen. Das Zitruskompott daneben anrichten und mit Karamell Royal bestreuen. Eistörtchen mit heißer Schokoladensauce beträufelt servieren.

Kartöffelchen

mit Kräuterquark
und Hähnchenbruststreifen

Zutaten für 4 Personen

Für die Kartöffelchen:
1 kg Drillinge
Salz
500 g Speisequark (40 % Fett)
200 g saure Sahne
1 Knoblauchzehe
1 Bund Schnittlauch
Pfeffer aus der Mühle

Für den Salat:
800 g gemischter Blattsalat
(z. B. Lollo Rosso, Lollo Bionda,
Eichblattsalat)
je 1 rote und orange Paprika-
schote
3 Frühlingszwiebeln
1/2 Salatgurke
200 g Schafskäse (Feta)
250 g Champignons
1 Bund gemischte Kräuter
(z. B. Petersilie, Kerbel, Dill)
6 EL Rapsöl
6 EL Naturjoghurt
2 TL mittelscharfer Senf
150 g Sonnenblumenkerne

Für die Hähnchenbruststreifen:
2 Hähnchenbrustfilets
(à ca. 150 g)
Salz · Pfeffer aus der Mühle
1/2 TL Paprikapulver (edelsüß)
etwas gemahlene Kurkuma
1 EL Butter

1. Für die Kartöffelchen die Drillinge mit der Schale gründlich waschen und in Salzwasser etwa 20 Minuten weich garen.

2. Inzwischen Quark und saure Sahne in einer Schüssel verrühren. Den Knoblauch schälen und durch die Knoblauchpresse dazupressen. Den Schnittlauch waschen, trocken schütteln, in feine Röllchen schneiden und unterrühren. Den Kräuterquark mit Salz und Pfeffer würzen und kühl stellen.

3. Für den Salat die Salatblätter putzen, waschen, trocken schleudern und in mundgerechte Stücke zupfen. Die Paprikaschoten längs halbieren, entkernen, waschen und in kleine Würfel schneiden. Die Frühlingszwiebeln putzen, waschen und in feine Ringe schneiden. Die Gurke waschen und in kleine Würfel oder dünne Scheiben schneiden. Alle Gemüse mit den Salatblättern mischen. Den Schafskäse in Würfel schneiden. Die Champignons putzen, falls nötig, trocken abreiben, in Scheiben schneiden und mit dem Schafskäse untermischen.

4. Die Kräuter waschen, trocken schütteln, die Blätter bzw. Nadeln abzupfen und fein hacken. Öl, Joghurt und Senf in einer Schüssel verrühren und die gehackten Kräuter untermischen. Den Salat mit dem Dressing beträufeln und die Sonnenblumenkerne und nach Belieben etwas Leinsamen darüberstreuen.

5. Für die Hähnchenbruststreifen das Fleisch in dünne Streifen schneiden und in einer Schüssel mit Salz, Pfeffer, Paprikapulver und Kurkuma würzen. Die Butter in einer Pfanne erhitzen, das Fleisch darin rundum anbraten und noch warm unter den Salat mischen.

6. Die Kartoffeln in ein Sieb abgießen und kurz ausdampfen lassen. Die Kartöffelchen mit dem Kräuterquark auf Tellern anrichten und den Salat dazu servieren.

Mein Tipp:
Die Champignons schmecken ganz besonders gut, wenn man sie in einer Pfanne in Butter andünstet und zum Schluss noch warm über den Salat gibt.

Nudelpfanne

mit Zucchini, Champignons und Schafskäse

Zutaten für 4 Personen

2 Zwiebeln
1 Knoblauchzehe
2 mittelgroße Zucchini
500 g braune Champignons
200 g Schafskäse (Feta)
500 g Nudeln (z. B. Penne)
Salz
2 EL Butter
200 g Sahne
2 gehäufte TL körnige Gemüse-
brühe
Pfeffer aus der Mühle

1. Zwiebeln und Knoblauch schälen und in kleine Würfel schneiden. Die Zucchini putzen, waschen und ebenfalls würfeln. Die Champignons putzen, falls nötig, trocken abreiben und in Scheiben schneiden. Den Schafskäse in kleine Würfel schneiden.

2. Die Nudeln in reichlich Salzwasser nach Packungsanweisung bissfest garen.

3. Inzwischen die Butter in einer großen Pfanne erhitzen. Zuerst Zwiebeln und Knoblauch darin andünsten, dann Zucchini und Pilze dazugeben und mit geschlossenem Deckel bei mittlerer Hitze etwa 5 Minuten garen. Die Sahne und 200 ml Wasser hinzufügen und aufkochen lassen. Die Gemüsebrühe unterrühren und die Sauce mit 2 Prisen Salz und etwas Pfeffer würzen. Falls nötig, die Sauce noch mit etwas Saucenbinder binden. Den Schafskäse dazugeben und nur kurz unterrühren, damit der Käse nicht schmilzt.

4. Die Nudeln in ein Sieb abgießen, abtropfen lassen und unter das Gemüse mischen. Nach Belieben in der Pfanne servieren.

Mein Tipp:
Schmeckt auch lecker mit den Hähnchenstreifen von Seite 180: Das Fleisch wie beschrieben zubereiten und zusammen mit dem Feta unter die Nudelpfanne mischen.

Leben im Einklang mit der Natur ist für die Bioland-Bäuerin Ursula Tigges elementar, dementsprechend werden ihre Produkte auch erzeugt und vermarktet. Die patente Agrarwirtin lässt Kinder und Erwachsene am Landleben teilhaben und einen Tag auf dem Bauernhof zum Erlebnis werden.

Ursula Tigges

Aus der Einbahnstraße zu bewusstem Genuss im Sauerland. Auf dem Lern- und Erlebnisbauernhof Tiggeshof ist für Groß und Klein viel Lehrreiches dabei.

Der 1352 erstmals erwähnte Tiggeshof in Ainkhausen, einem Stadtteil von Arnsberg in der sogenannten „Sauerländer Börde", war früher ein ganz gewöhnlicher Bauernhof. 1989 haben Ursula und Rudolf Tigges den Familienbetrieb mit 35 Hektar Land und 25 Kühen übernommen. Beide sind „vom Fach" und hatten zuvor Landwirtschaft studiert und den Betrieb kontinuierlich erweitert. Doch irgendwann steckten sie in einer Einbahnstraße fest und standen vor der Wahl, aufzugeben oder aus dem Trott von „höher, weiter, schneller" auszubrechen. Das Ehepaar entschied sich für den zweiten Weg und folgte damit seinem Wunsch, „mehr im Einklang mit Natur und Tier zu leben und wertvolle GenussLEBENSmittel zu produzieren", wie Ursula es beschreibt. Heute gehört der Hof als Bio-Betrieb dem Anbauverband Bioland an und ist Demonstrationsbetrieb für den ökologischen Landbau. Rund um die Stallungen picken und scharren Hühner und Hähnchen, weiden Milchkühe verschiedener Rassen, Angus-Mutterkühe und Mastochsen, darunter auch einige der Kreuzung Angus und Wagyu. Verschiedene junge Kooperationspartner, die fest in den Betrieb eingebunden sind, mästen Weidehähnchen, betreiben Saisongärten und züchten Bienen.

„Die Bio-Produkte, die unsere Landwirtschaft hervorbringt – zum Beispiel Rindfleisch, Käse, Apfelsaft, Honig und Eier –, verkaufen wir an unseren Hofladentagen, über Eventmärkte, via Newsletter und Onlinebestellung sowie über die Marktschwärmerei an unsere Kunden", erläutert die 54-Jährige. Das Prinzip der

Marktschwärmerei lässt sich am besten mit „Onlineshopping trifft Bauernmarkt" zusammenfassen. Hierbei bestellt der Kunde seine Produkte im Internet auf der Seite der nächstgelegenen Marktschwärmerei, die den Kontakt zu den regionalen Erzeugern vermittelt. An einem festen Markttag holt er die bestellte Ware dann an einem zentralen Ort in seiner Stadt bei den Bauern ab. „So haben wir und der Kunde bei der Abholung die Möglichkeit, persönlich miteinander in Kontakt zu kommen. Das Prinzip folgt dem beidseitigen Wunsch nach mehr Transparenz, Fairness und Nachhaltigkeit", erklärt Ursula.

Mindestens genauso wichtig wie ihre Produkte selbst ist den Tigges die Vermittlung ihres Alltags. Um ein tieferes Verständnis für den Wert von LEBENSmitteln zu erreichen, möchten sie möglichst vielen Menschen zeigen, wie wertvolle Produkte hergestellt werden. Darum bieten sie auf dem Hof verschiedenste Lern- und Erlebnisprojekte an, um Groß und Klein an Arbeit und Leben auf dem Hof aktiv teilhaben lassen. Von Erlebnistagen für Kindergärten, Schulklassen und Familien bis hin zu Fortbildungsveranstaltungen für Lehrer und Erzieher. Feste Kooperationen mit örtlichen Kindergärten und Schulen, mit Versicherungen im Bereich der Prävention und Jahreskurse, den sogenannten Landkindergruppen, bieten die Möglichkeit für regelmäßige und vertiefende Arbeit. Besonders im Bereich der sozialen Landwirtschaft wird Ursula von der 26-jährigen Mariekatrin unterstützt, die nicht nur Tochter und Studentin der Landwirtschaft, sondern als bereits fertig ausgebildete Sozialarbeitern auch Geschäftspartnerin für diesen Bereich des Hofs ist und ihn übernehmen wird. Die 18-jährige Maike geht noch zur Schule und will Erzieherin werden. Carolin, 24, und die zwei Jahre jüngere Alice sind schon ausgezogen und arbeiten ebenfalls im sozialen Bereich – das scheint den Tigges im Blut zu liegen.

> *»Wir sind auf einer Wellenlänge und haben dieselben Ziele«*

Käse-Bier-Süppchen

mit
Speckeinlage

Zutaten für 6 Personen

1 Zwiebel
1 Knolle Soloknoblauch
100 g Butter
5 EL Dinkelmehl
400 ml Fleischbrühe
250 g Bergkäse
1/2 l Milch
Salz · Pfeffer aus der Mühle
50 g gewürfelter Speck
1/2 l helles Bier
1/2 Bund Schnittlauch
frisch geriebene Muskatnuss

1. Die Zwiebel und den Knoblauch schälen und beides in feine Würfel schneiden. Die Butter in einem Topf erhitzen und Zwiebel und Knoblauch darin andünsten. Das Mehl darüberstäuben, die Brühe dazugießen und 5 Minuten köcheln lassen.

2. Den Käse in kleine Stücke schneiden. Käsewürfel und Milch mit in den Topf geben und unter gelegentlichem Rühren aufkochen. Die Suppe mit Salz und Pfeffer abschmecken.

3. Die Speckwürfel in einer Pfanne ohne Fett anbraten. Das Bier unter die Käsesuppe rühren. Den Schnittlauch waschen, trocken schütteln und in feine Röllchen schneiden. Die Suppe mit Pfeffer, Salz und Muskatnuss abschmecken und mit dem Stabmixer aufschäumen.

4. Das Käse-Bier-Süppchen auf tiefe Teller verteilen, mit den Schnittlauchröllchen bestreuen und mit den Speckwürfeln garnieren. Dazu passt Roggenbrot.

Andere Bezeichnungen für das besonders zarte Teilstück vom Rind sind Pastorenstück oder Frauenschuh

Mein Tipp

Der Name „Bürgermeisterstück" stammt aus der Zeit, als in der Dorfgemeinschaft das beste Fleisch für den Bürgermeister reserviert wurde. Es besteht ausschließlich aus leicht marmoriertem Muskelfleisch, ist besonders zart, schmackhaft und extrasaftig.

Bürgermeister(-stück) im Kräuterbett

mit Mangold-Möhrchen und Kartoffeltürmchen

Zutaten für 6 Personen

Für das Bürgermeisterstück:
1–2 Zwiebeln
1 Knolle Soloknoblauch
2 Möhren
2 Stangen Staudensellerie
1 Stange Lauch · 5 Tomaten
je 2 Zweige Thymian, Rosmarin
und Liebstöckel
1 kg Rinderbraten (Bürgermeisterstück; vom Angusochsen)
Salz · Pfeffer aus der Mühle
2 EL Öl · 2 EL Senf
1 EL Tomatenmark
100 ml Rotwein
1/4 l Fleischbrühe
1 frisches Lorbeerblatt
1 EL kalte Butter

Für die Kartoffeltürmchen:
300 g festkochende Kartoffeln (z.
B. Bamberger Hörnchen)
1 Ei · 2 EL Dinkelmehl
2 EL Butteröl (oder Butterschmalz)
300 g rote Kartoffeln
(z. B. Highland Burgundy Red)
300 g weiße Kartoffeln
(z. B. Laura) · Salz · 40 g Butter
200 ml lauwarme Milch
200 ml lauwarme Gemüsebrühe

*Für das Mangold-Möhren-
Gemüse:*
800 g Mangold · 400 g Möhren
2 Zwiebeln · 1 Knolle Soloknoblauch · 2 EL Butter
Kokosblütenzucker
Salz · Pfeffer aus der Mühle
150 g Schmand · 100 ml Milch
Saft und Schale von 1 Bio-Zitrone

1. Für das Fleisch den Slowcooker vorheizen. Das Gemüse putzen, waschen bzw. schälen und in kleine Würfel schneiden. Kräuter waschen, trocken schleudern und die Blätter bzw. Nadeln abzupfen. Das Fleisch rundum mit Salz und Pfeffer würzen und in einer Pfanne im Öl bei starker Hitze anbraten. Das Fleisch mit Senf und Tomatenmark bestreichen, nochmals kurz anbraten und in den vorgewärmten Slowcooker legen. Die Pfanne mit dem Bratensatz für das Gemüse beiseitestellen.

2. Das Gemüse im Bratensatz anbraten, mit Wein ablöschen und die Brühe angießen. Kräuter und Lorbeerblatt dazugeben, alles zum Fleisch in den Slowcooker füllen und auf Stufe „Low" etwa 6 Stunden köcheln lassen. Das Fleisch herausnehmen und warm stellen. Das Gemüse mit dem Stabmixer fein pürieren und mit der Butter verrühren.

3. Für die Kartoffeltürmchen die Kartoffeln schälen, waschen und fein raspeln. In einer Schüssel mit Ei und Mehl mischen und portionsweise in Butteröl zu kleinen Puffern backen. Zugedeckt warm halten.

4. Die roten und weißen Kartoffeln schälen, waschen und separat in Salzwasser 20 Minuten weich garen. Abgießen, ausdampfen lassen und möglichst heiß pellen. Die Kartoffeln noch warm durch die Kartoffelpresse in jeweils einen Topf drücken. 2 EL Butter und die Milch unter die roten Kartoffeln rühren, die Brühe und die restliche Butter unter die weißen Kartoffeln rühren, sodass feste Pürees entstehen.

5. Für das Mangold-Möhren-Gemüse den Mangold putzen, waschen und trocken schleudern. Die Blätter in 1 cm breite Streifen, die Stiele in feine Streifen schneiden. Die Möhren putzen und mit dem Spiralschneider in feine Streifen schneiden. Die Zwiebeln schälen und in feine Würfel schneiden. Den Knoblauch schälen. Zwiebeln, Möhren und Mangoldstiele in der Butter unter Rühren bei starker Hitze 5 Minuten andünsten. Den Knoblauch dazupressen und das Gemüse mit 1 Prise Kokosblütenzucker, Salz und Pfeffer würzen. Die Mangoldblätter dazugeben und mit geschlossenem Deckel weitere 5 Minuten bei schwacher Hitze dünsten. Den Schmand und die Milch unterrühren und bei mittlerer Hitze 3 Minuten leicht sämig einkochen lassen. Das Gemüse mit 1 bis 2 EL Zitronensaft und der -schale abschmecken.

6. Helles und rotes Kartoffelpüree und Kartoffelpuffer in sechs Anrichteringe (à ca. 7 cm Durchmesser) einschichten, leicht andrücken und auf Teller stürzen. Das Fleisch in Scheiben schneiden und mit der Sauce und dem Gemüse danebenanrichten.

Waffeln zu hübschen Körbchen zu formen, ist leichter als gedacht und gar nicht so aufwendig.

Joghurtvariationen im Körbchen

mit hausgemachter Beerengrütze und Likör

Zutaten für 6 Personen

Für das Eis:
500 g Naturjoghurt in drei verschiedenen Geschmacksrichtungen (z. B. Vanille, Erdbeere, Kirsche)
4 EL Honig

Für die Beerengrütze:
300 g gemischte Beeren der Saison
3 EL Kokosblütenzucker
1 EL Johannisbrotkernmehl

Für die Körbchen:
80 g Honig
80 g Butter
1 Ei
150 g Dinkelmehl (Type 630)
2 Prisen Zimtpulver

Für das Topping:
Kakaonibs, gemischte Beeren und Likör nach Belieben

1. Für das Eis am Vortag den Joghurt in einem Beutel vakuumieren und möglichst flach oder in eine Eiswürfelform gefüllt über Nacht ins Tiefkühlfach legen.

2. Am nächsten Tag den gefrorenen Joghurt in kleine Stücke zerbrechen und mit dem Honig im Mixer auf höchster Stufe cremig rühren.

3. Für die Beerengrütze die Beeren verlesen, waschen und gut abtropfen lassen. In einem Topf mit dem Kokosblütenzucker aufkochen, vom Herd nehmen und abkühlen lassen. Das Johannisbrotkernmehl unterrühren.

4. Für die Körbchen 150 ml Wasser zum Kochen bringen, den Honig einrühren und darin auflösen. Das Honigwasser mit den übrigen Zutaten zu einem glatten Teig verrühren und 2 Stunden kühl stellen.

5. Portionsweise 1 EL Teig in ein Hörncheneisen geben und nach Gebrauchsanweisung zu Hörnchen backen. Den noch warmen Teig zwischen zwei Schälchen oder Gläsern zu einem Körbchen formen und abkühlen lassen. Auf diese Weise den ganzen Teig verarbeiten.

6. Die Körbchen mit dem Joghurteis und der Grütze anrichten und mit Kakaonibs, Beeren und Likör garniert servieren.

„Die magische Neun"

Kräutersuppe auf
traditionelle Art

Zutaten für 6 Personen

2 Zwiebeln
je 1 Handvoll Brennnesselspitzen,
Gierschblätter, Bärlauch, Löwen-
zahn, Sauerampfer, Schafgarbe,
Spitzwegerich, Vogelmiere und
Taubnessel
30 g Butter
2 EL Dinkelmehl
1 1/2 l Gemüsebrühe
etwas Sahne, saure Sahne,
Schmand oder Milch
Salz · Pfeffer aus der Mühle
frisch geriebene Muskatnuss
Gänseblümchen zum Garnieren

1. Die Zwiebeln schälen und in feine Würfel schneiden. Die Kräuter verlesen, waschen, trocken schleudern und die Blätter abzupfen, dabei harte Stiele entfernen.

2. Die Butter in einem Topf erhitzen und die Zwiebelwürfel darin andünsten. Das Mehl darüberstäuben und zu einer Mehlschwitze verrühren. Die Brühe nach und nach angießen und unterrühren. Nach Belieben etwas Sahne, saure Sahne, Schmand oder Milch ergänzen.

3. Die Flüssigkeit aufkochen, die Kräuter dazugeben und die Suppe bei schwacher Hitze etwa 10 bis 20 Minuten köcheln lassen. Die Kräuter sollten nicht dunkelgrün werden. Mit Salz, Pfeffer und Muskatnuss abschmecken.

4. Die Kräutersuppe auf Teller verteilen und mit Gänseblümchen garniert servieren.

Mein Tipp:
Für die Suppe sollten junge, frische Triebe verwendet werden, da ihr Aroma am zartesten ist. Dies ist ein uraltes Rezept, das in der Karwoche zum Fastenbrechen genutzt wurde. Daher der Ausdruck „Ach du grüne Neune!" Die Suppe ist nach der langen Winterzeit (Fastenzeit) vitalisierend, vitaminreich und entschlackend. Unsere Vorfahren haben die Kräuter genutzt, um ihre müden Knochen wiederaufzubauen. Die genannten Kräuter können durch andere Kräuter der Region ersetzt oder ausgetauscht werden. Eine schöne Tradition, sehr gesund und lecker!

Löwenzahnblütenlikör

mit
weißem Rum

Zutaten für 1 l

100 g gelbe Löwenzahnblüten
400 g brauner Zucker
700 ml weißer Rum

1. Die Löwenzahnblüten verlesen und vorsichtig waschen. Von den Löwenzahnblüten die gelben Blütenblätter abzupfen und in einem Topf mit 700 ml Wasser bedecken. Die Mischung aufkochen und zugedeckt bei schwacher Hitze 5 Minuten köcheln lassen. Dann vom Herd nehmen und mit geschlossenem Deckel abkühlen lassen.

2. Den Sud durch ein feines Sieb in einen Topf abgießen und den Zucker hineinrühren. Die Flüssigkeit erneut aufkochen und bei mittlerer Hitze auf etwa 300 ml einkochen.

3. Den Sirup vom Herd nehmen und abkühlen lassen. In eine saubere Flasche füllen, mit dem Rum aufgießen und die Flasche verschließen. Den Löwenzahnblütensirup vor dem Verwenden 1 Tag ziehen lassen.

Mein Tipp:
Dieser Likör eignet sich besonders gut zur Ergänzung von Süßspeisen oder als Gipfeltrunk bei einer schönen Wanderung. Übrigens heißt Löwenzahn auf französisch „pissenlit" was soviel bedeutet wie „ins Bett urinieren" – Speisen und Getränke aus Löwenzahn sind nierenreinigend und harntreibend.

Kurz vorgestellt

Sie lieben ihr Leben als moderne Landfrauen
und die Küche ihrer Heimat – in einem
Wettstreit der besonderen Art haben diese
18 Landfrauen ihre Kochkünste unter Beweis
gestellt und aus typischen lokalen Spezialitäten
Drei-Gänge-Menüs gezaubert. Einen Überblick
über ihre Rezepte finden Sie hier.

Katharina Steineshoff

Heißener Hof
Frohnhauser Weg 20
45472 Mülheim-Heißen
Tel. 02 08 / 43 17 00
info@heissenerhof.de
www.heissenerhof.de

Die Geflügelbäuerin aus dem Ruhrgebiet

TV-Menü: Strammes Mäxchen mit Hirschschinken
und Wachtelspiegelei / Flanksteak auf Gemüsebeet
mit Pfannenkartoffeln /
Mohn-Joghurt-Mousse auf Himbeerspiegel
Lieblingsrezepte: Körnerbrot mit Hirse und Möhren /
Champignonrahmsuppe von braunen Champignons

Rita Meermeyer

Zum Hainberg 11
33165 Lichtenau-Atteln
Tel. 0 52 92 / 93 01 54
rita@wantuens-hof.de
www.wantuens-hof.de

Die Erlebnisbäuerin aus Ostwestfalen

TV-Menü: Überbackener Ziegenkäse auf Feldsalat
mit Honigsauce / Flammlachs mit Mangoldtürmchen und Rosmarin-Bamberger-Hörnchen / Gefrore-
nes Brombeer-Joghurt-Törtchen mit Waffelherzen
Lieblingsrezepte: Ritas feine Lasagne mit buntem
Gemüse/ Zimtschnecken aus dem Feuertopf

Claudia Keil

Hadenbrok 9
48734 Reken
Tel. 0 28 64 / 18 55
info@hof-keil.de
www.hof-keil.de

Die Rinderzüchterin aus dem Münsterland

TV-Menü: Rote-Bete-Carpaccio mit Rindertartar /
Porterhousesteak mit Backkartoffeln und bunten
Möhren / Schokotörtchen und Zitronensorbet auf
Champagnergelee
Lieblingsrezepte: Gulaschsuppe vom Weiderind /
Geschmorte Rinderrouladen mit Mettfüllung

Veronika Lategahn

Heerener Str. 54
59425 Unna-Mühlhausen
Tel. 0 23 03 / 43 21
www.milchhof-muehlhausen.de

Die Milchbäuerin aus dem Ruhrgebiet

TV-Menü: Dreierlei vom Land (Knochenschinkentartar, Kartoffelrahmsüppchenund Kürbiskernpesto) / Gepökelte Schweinebäckchen in Landbiersauce / Grießflammeri mit Pflaumenkompott
Lieblingsrezepte: Möhren-Ingwer-Suppe mit Sojamilch / Himbeer-Buttermilch-Torte à la Veronika

Britta Hassel

Bergstr. 11
57489 Drolshagen
Tel. 0 27 61 / 38 79
info@birkenhof-isi.de
www.birkenhof-isi.de

Die Pferdewirtin aus dem Sauerland

TV-Menü: Avocado-Crevetten-Salat / Hirschragout in rotweinsauce mit Eierspätzle / Cantuccini-Dessert mit Beeren der Saison
Lieblingsrezepte: Flatkökur (Isländische Roggenfladen) / Kjötsúpa (Lammfleischsuppe mit Gemüse der Saison)

Theresa Leiders

Darderhöfe 1a
47877 Willich-Anrath
Tel. 0 21 56 / 10 93 83
info@stautenhof.de
www.stautenhof.de

Die Bio-Bäuerin vom Niederrhein

TV-Menü: Bunter Salat mit Dreierlei vom Ziegenkäse / Gefüllte Keule vom Weidehähnchen mit Gemüserosen / Crêpe-Eispäckchen an Apfelragout
Lieblingsrezepte: Leiders liebste Lammstelzen in Weißwein geschmort / Oma Sophies Reistorte mit Knusperboden

Andrea Strothlüke

Am Reiherbach 13
33649 Bielefeld
Tel. 0 52 41 / 9 98 93 62
info@strothlueke.de
www.strothlueke.de

Die Milchbäuerin aus Ostwestfalen

TV-Menü: Strammes Mäxchen mit Trüffelbutter und buntem Salat / Rinderfilet mit Speckbohnen, Macaire-Kartoffeln und Sauce béarnaise / Schokotarte mit Joghurtwölkchen
Lieblingsrezepte: Quark-Streusel-Kuchen mit Obst / Schnelle Brötchen mit geriebenem Käse

Lisa Anschütz

Eisenstraße 13
51570 Windeck (Kohlberg)
Tel. 0 22 92 / 95 14 07
lisa.anschuetz@t-online.de
www.vielfalt-lebt.de
www.g-e-h.de (Archehof Nr. 65)

Die Archehof-Bäuerin aus dem Bergischen Land

TV-Menü: Zunge in Blätterteig mit Kräutermayonnaise / Rinderbäckchen mit Gemüse der Saison und Kartoffelpüree / Karamell-Flammeri mit Himbeeren
Lieblingsrezepte: Bergischer Watz nach Hausmannsart / Kasseler mit Kartoffelpüree und hausgemachtem Sauerkraut

Helga Trimborn

Schiefelbusch 3
53797 Lohmar
Tel. 0 22 05 / 8 35 54
info@bauerngut-schiefelbusch.de
www.bauerngut-schiefelbusch.de

Die Allround-Bäuerin aus dem Bergischen Land

TV-Menü: Vorspeisenvariation mit Spargel und Wild-kräutersalat / Geschmorter Schweinerückenbraten in Honig-Zitronen-Marinade mit Spargelgemüse / Erdbeer-Joghurt-Parfait mit Omas Waffelhörnchen
Lieblingsrezepte: Kaninchen-Wirsing-Topf / Eier-Apfel-Salat mit Schinken und Mayonnaise

Elisabeth Bremehr

Schmiedestrang 33
33415 Verl
Tel. 0 52 46 / 39 41
info@bremehrs.de
www.bremehrs.de

Die Bio-Markt-Bäuerin aus dem Kreis Gütersloh

TV-Menü: Blattsalat mit Selleriegemüse und Schin-ken / Karree vom Longhorn-Rind aus dem Holzback-ofen mit dreierlei Bohnen und Drillingen / Joghurt-Hirse-Dessert mit Himbeeren
Lieblingsrezepte: Weinschaumcreme mit hellen Trau-ben / Gefüllte Lammkeule mit Blattspinat

Ines Neyer

Windmühlenstraße 42
49545 Tecklenburg-Ledde
Tel. 0 54 82 / 63 77
info@windmuehlen-hof.de
www.windmuehlen-hof.de

Die Bioland-Bäuerin aus dem Tecklenburger Land

TV-Menü: Gartensalat mit gegrilltem Hähnchen / Lammkotelett und Lammburger vom Grill mit Kar-toffel-Käse-Muffins und Schmorgemüse / Welfen-speise mit Weinschaum und Zitroneneis
Lieblingsrezepte: Süße Kürbismuffins mit Aprikosen / Lamm-Wirsing-Eintopf mit Kichererbsen

Alina Schmittgen

Bauernhof Maaßen
Hackfurthstr. 205
46244 Kirchhellen
Tel. 0 20 45 / 8 24 89
bauernhof-maassen@t-online.de
www.bauernhof-maassen.eu

Die Obst- und Gemüsebäuerin aus dem Ruhrgebiet

TV-Menü: Zwiebelkuchen mit Feldsalat und Kaviar-creme / Gefüllte Hähnchenrolle mit Ofengemüse, Drillingspießen und Spinatsauce / Knusperpflaume mit Blätterteigrosen und Vanillecremesauce
Lieblingsrezepte: Pflaumensirup mit Salbei oder Zimt / Zwiebelsuppe mit Käsewürfeln und Baguette

Lea Unterhansberg

Am Buchholz 13
45470 Mülheim an der Ruhr
Tel. 0 20 54 / 8 33 70
buchholzhof@gmail.com
www.buchholzhof.com

Die Obstgärtnerin aus dem Ruhrgebiet

TV-Menü: Kürbissuppe mit Crème-fraîche-Häubchen und Croûtons / Schweinefilet mit Rosmarinkartof-feln und Auberginen-Kürbis-Gemüse / Apfelrosen-Törtchen mit Vanilleeis und Nussknusper
Lieblingsrezepte: Lasagne nach Omas Rezept / Stachelbeertorte mit Frischkäse

Birgit Backhaus

Engelshagen 1
42499 Hückeswagen
Tel. 0151 / 41470970
Fax: 0 32 12 / 9 79 11 25
birgitbackhaus@gmx.net
www.molehill-shire.de

Die Shire-Horse-Züchterin aus dem Bergischen Land

TV-Menü: Nest aus Pulled Pork mit pochierten Wachteleiern auf Salatbouqet / Geschmorte Kalbsbäckchen mit Zitronen-Kräuter-Gremolata und buntem Püree / White Chocolate Cookie Dough
Lieblingsrezepte: Avocadosalat mit Koriander / Gefüllte Hähnchenbrust mit Bacon und Avocado

Jutta Sträter

Langenthalerstr. 2
37688 Beverungen-Haarbrück
Tel. 0 52 73 / 3 54 47
biobauer-hartmann@t-online.de
www.bio-bauer.info

Die Bio-Bäuerin aus dem Kreis Höxter

TV-Menü: Möhren-Pastinaken-Salat mit Saatenknusper / Haarbrücker Schweinerücken mit mediterranem Kartoffelpüree und Balsamicozwiebeln / Erdbeer-Joghurt-Torte à la Jutta
Lieblingsrezepte: Schweinegeschnetzeltes mit Banane / Rinderbraten mit Gemüse-Schmand-Sauce

Sylke Lenzen

Im Hager Feld 40
41749 Viersen
Tel. 0 21 62 / 1 47 91 43
info@apfelgold.info
www.apfelgold.info

Die Apfelbäuerin vom Niederrhein

TV-Menü: Apulische Caponta aus Gartengemüse / Marokkanischer Tajine-Eintopf mit Rindfleisch, Roter Bete und Orange / Apfel-Charlotka mit Holunderblütensorbet
Lieblingsrezepte: Ossobuco (Geschmorte Kalbsbeinscheiben / Apfel-Brombeer-Crumble à la Sylke

Katja Scheidtweiler

Wildparkstraße
52385 Nideggen-Schmidt
Tel. 0 24 74 / 2 15
info@wildpark-schmidt.de
www.wildpark-schmidt.de

Die Wildpark-Betreiberin aus der Eifel

TV-Menü: Kräutersalat mit Ziegenkäse und Hirschsülze / Gebratener Hirschstrudel mit Rosenkohl und Kartoffel-Sellerie-Püree / Schoko-Vanille-Eistörtchen mit Schokoladensauce und Zitruskompott
Lieblingsrezepte: Kartoffelchen mit Kräuterquark / Nudelpfanne mit Zucchini, Pilzen und Schafskäse

Ursula Tigges

Ainkhausen 3
59757 Arnsberg
Tel. 0 29 35 / 49 96
info@tiggeshof.de
www.erlebnisbauernhof-
sauerland.de

Die Erlebnisbäuerin aus dem Sauerland

TV-Menü: Käse-Bier-Süppchen mit Speck / Bürgermeister(-stück) im Kräuterbett mit Mangold-Möhrchen und Kartoffeltürmchen / Joghurtvariationen im Körbchen mit Beerengrütze und Likör
Lieblingsrezepte: „Die magische Neun" (traditionelle Kräutersuppe) / Löwenzahnblütenlikör

U/V

W

Z

© 2018 ZS Verlag GmbH
Kaiserstraße 14 b
D-80801 München

ISBN 978-3-89883-866-5
1. Auflage 2018

Projektleitung **Martina Solter, Ines Alms**
Porträttexte **Ulrike Kraus**
Vorwort **Helma Potthoff (WDR)**
Lektorat **Katinka Holupirek**
Grafische Gestaltung & Satz **Georg Feigl**
Grafisches Konzept **Julia Arzberger**
Illustration **Norbert Pautner (S. 5)**
Foodfotografie **Anke Schütz**
Foodstyling **Diane Dittmer**
Porträt- und Landschaftsfotografie **Melanie Grande**
Herstellung **Frank Jansen**
Producing **Jan Russok**
Druck & Bindung **optimal media GmbH, Röbel**

Kurze Wege schonen die Umwelt
Dieses Buch wurde in Deutschland gedruckt

Im Buch enthaltene Foodfotos können zur eigenen Nutzung erworben werden
unter www.stockfood.com

 © WDR, Köln
Lizenziert durch die WDR mediagroup GmbH

Für das WDR Fernsehen wird die Sendereihe „Land & lecker" von megaherz hergestellt, Regie: Guido Niebuhr,
Produktion: Florian Eckenweber, Redaktion im WDR: Helma Potthoff

Nach einer Idee und basierend auf dem Konzept „Landfrauenküche" des Schweizer Fernsehens

Die ZS Verlag GmbH ist ein Unternehmen der Edel AG, Hamburg.
www.zsverlag.de | www.facebook.com/zsverlag

Alle Rechte vorbehalten. All rights reserved.
Das Werk darf – auch teilweise – nur mit Genehmigung des Verlags wiedergegeben werden.

Auf den Geschmack gekommen?

Noch mehr von der Erfolgsserie –
authentische Rezepte satt und
hinreißende Landfrauenporträts

Land & lecker 3
18 Landfrauen kochen mit Herz und Leidenschaft
€ [D] 16,99
ISBN 978-3-89883-695-1

Gleich weiterkochen!

Jetzt überall,
wo es gute Bücher gibt.